ВАМ
ПОМОГУ

Н. И. Степанова

ЗАГОВОРЫ
СИБИРСКОЙ
ЦЕЛИТЕЛЬНИЦЫ

29

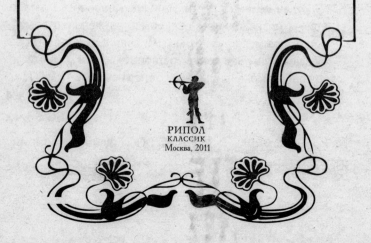

РИПОЛ
КЛАССИК
Москва, 2011

УДК 133.4
ББК 86.41
С79

Степанова, Н. И.

С79   Заговоры сибирской целительницы. Выпуск 29 /
Н. И. Степанова. – М. : РИПОЛ классик, 2011. –
256 с. – (Я вам помогу).

ISBN 978-5-386-02946-3

Имя сибирской целительницы Натальи Ивановны
Степановой известно не только в России, но и далеко
за ее пределами. Этот выпуск «Заговоров сибирской
целительницы» не совсем обычный, в нем вы найдете
не только новые заговоры и советы Натальи Ивановны. Из книги читатель узнает о том, что ждет нас
в 2012 году, о том, как уберечь себя от болезней и беды, о том, как снять приворот и заговорить мужа на любовь, известная целительница впервые познакомит
читателей с молитвой, которую называют «Свиток Иерусалимский». Центральная же публикация выпуска –
Ночное судьбинное гадание «Кассандра», или Оракул
Кассандры. Это гадание, дошедшее до нас из древних
времен, приписывается сивилле Кассандре, именно
к ее праведному духу гадающие должны будут взывать
перед каждым обращением к публикуемому Оракулу...

Отличительная черта Натальи Ивановны Степановой – это искреннее, бескорыстное желание помочь
обратившимся к ней людям. И, взяв в руки ее очередную книгу, нельзя не почувствовать, какой мощный по-
ток положительной энергии от нее исходит.

УДК 133.4
ББК 86.41

ISBN 978-5-386-02946-3

От автора

Дорогие мои, обратите внимание на обложку этой книги, на ней — специальный знак, подтверждающий подлинность этого издания. Не случайно, не из любви к украшениям мы решили поместить его на обложку. Слишком много появилось фальшивых изданий моих заговоров, не редкость и публикации под другими именами того, что сохранили, сберегли мои предки. Не понимают недобросовестные люди, что нельзя, не жертвуя ничем, за чужой счет обрести благодать. К примеру, нельзя поставить в храме свечу, не принеся за нее жертвенную плату деньгами, которые вы должны сперва заработать своим трудом. Заработав деньги и купив свечу для Бога, вы таким образом отдаете Ему дань любви своей, покорности и уважения. Чего будет стоить свеча, которую вы бы отобрали или украли? Так и с публикациями моих работ: подделавший издание крадет у меня, у издательства нашу работу, наш труд, а у вас — подлинность, силу знания…

На протяжении многих столетий одна часть человечества свято верит в Бога, чудеса, колдовство и предсказания, а другая, значительно меньшая, сомневается и не верит. Как бы там ни было, но давно существуют неоспоримые факты, свидетельства очевидцев о том, чего отрицать уже все-таки нельзя. В начале 1920-х годов газета «Нью-Йорк таймс» сообщила об удивительной истории, произошедшей на глазах многочисленных свидетелей. Из подъезда одного дома выскочила и начала метаться с нечеловеческим криком молодая женщина. Весь ее вид и действия производили впечатление, будто она с кем-то боролась, пытаясь при этом оторвать от своего тела и лица нечто невидимое. При этом она визжала, размахивала руками и выглядела как сумасшедшая, сражающаяся с незримой тенью. Вдруг люди, наблюдавшие эту картину, испуганно закричали, и, надо сказать, было от чего: на теле и лице девицы стали появляться рваные раны. Тем ужасней это выглядело из-за того, что раны на ней появлялись как бы сами собой, ведь рядом с женщиной не было никого! Глубокие раны появлялись и на ее спине, что доказывало, что несчастная не могла, даже если бы и захотела, сама причинить себе подобные травмы! Подоспевшие на крики полицейские доставили окровавленную потерпевшую в участок и после того, как она более или менее успокоилась, записали ее рассказ. Из рассказа стало известно, что последние три месяца молодая женщина работала у русской эмигрантки помощницей по дому. Не далее чем два часа назад хозяйка обвинила ее в краже столового серебра и потребовала вернуть ей покражу. На это служанка заявила, что ни вилок, ни ложек не брала и что хозяйка ничего не докажет. Тогда она сказала, что просит добром в последний раз, пообещав, что в случае признания и возврата серебра простит служанку и даже пообещала не увольнять ее. Увидев, что та по-прежнему все отрицает, хозяйка сняла с себя нательный крест и положила его на стол. После этого она вытянула руки и стала произносить какое-то заклинание, призывая явиться духов, чтобы те наказали повинного в воровстве. Но полицейский смог записать только одну строчку из заклинания, т. к. потерпевшая запомнила лишь ее: «Рвите ее, кусайте, уйти живой не давайте…» Видимо из-за шока, у бедняжки случился провал в памяти. Выслушав ее сбивчивый рассказ, полицейский спросил, действительно ли она взяла у хозяйки ее добро — и потерпевшая тут же в этом призналась. Оглушительный визг служанки заставил подпрыгнуть на стуле того, кто брал показания. Женщина обеими руками схватилась за горло, и по нему заструилась, а затем брызнула фонтаном кровь, через минуту она умерла. Последние слова ее были: «Она ведьма!» Патологоанатом после осмотра трупа записал, что множественные следы острых когтей и зубов на теле по виду своему напоминали клыки волка или других диких зверей...

Оккультные науки, магия и гадания представляют собой нескончаемый мир знаний и открытий, и они — вечные спутники человечества. Не будь когда-то алхимии, не было бы современной химии, а если бы не было астрологии, то не было бы и астрономии. Прежде врачей многие тысячелетия люди лечились у знахарей, и именно их опыт послужил лестницей для врача. Были, есть и будут провидцы и предсказатели, и этого никто уже не посмеет отрицать.

Дорогие мои, в этой книге я продолжаю делиться с вами опытом моих предков. В книге вы найдете то, что хотели, ведь именно по вашим письмам, по вашим просьбам я составила ее для вас. Пишите мне о том, что бы вы хотели узнать и чему бы вы желали научиться, и я с большой радостью поделюсь с вами всем, что умею и знаю.

Ваша Наталья Ивановна Степанова

ВЫЖИВЕМ ИЛИ ПОГИБНЕМ?

Правда про 2012 год

Последние несколько лет людей всего мира волнует один и тот же вопрос, действительно ли в 2012 году погибнет все человечество? Разговор об апокалипсисе ведется во многих средствах массовой информации, и эти рассуждения и предположения неутешительны. В письмах моих читателей много разных вопросов: про здоровье, длительность жизни, о том, чем закончится суд, как избавиться от соперника или соперницы, кто украл ту или иную вещь и т. д., но в последнее время мне задают очень много вопросов о конце света. Людей беспокоит, спасутся ли они, нужно ли запасаться продуктами и водой, что можно предпринять, есть ли у человечества шанс уцелеть и можно ли как-то отодвинуть конец света.

Вот, к примеру, небольшая выдержка из одного письма: «Я бизнесмен, у меня достаточно денег, чтобы обеспечить существование не только себе, но и следующему моему поколению. Несмотря на это, я много работаю, тружусь, как говорится, в поте лица. Это может показаться Вам странным, т. к. напрашивается вопрос, зачем нужно работать, если есть такие деньги? Ну, во-первых, если деньги не будут делать деньги, они быстро иссякнут, а для того чтобы они работали, нужно работать мне. Во-вторых, и, наверное, это главное, я не могу не трудиться. Будь у меня иной характер, я бы не сколотил бы такой капитал. Для чего я Вам это пишу? Дело в том, что у меня есть (и это вполне понятно) друзья в разных кругах, имеющие доступ к разной информации. Так вот, мне приходилось слышать (и уже не раз), что в 2012 году планете Земля придет конец. Это было высчитано и доказано еще много десятилетий назад, и именно из-за этого встал вопрос об освоении других планет для эвакуации хотя бы части землян. Понятно, что простые люди не попали бы в эту категорию перелета, но уже становится ясным, что, несмотря на усилия разных государств, люди не успели вовремя позаботиться о необходимом плацдарме. Вот и встает главный вопрос, а что толку от моих миллионов, если через пару лет исчезнет Земля? Я очень люблю Ваши книги, в них я нахожу для себя потерянную и забытую мудрость наших предков. Более того, моя старенькая мама поддерживает свое здоровье Вашими советами и молитвами из Ваших книг. Несмотря на мои возможности, врачи не смогли *ей помочь и еще десять лет назад дали понять, что она безнадежна, но благодаря Вашим книгам моя мама не только до сих пор жива, но и чувствует себя довольно неплохо! Уважаемая Наталья Ивановна, мне бы хотелось узнать Вашу точку зрения, произойдет ли гибель нашей планеты и человечества в 2012 году?»*

И таких писем ко мне приходит с каждым днем все больше и больше. В газетах и на телеканалах выдвигается масса различных предположений и причин, из которых людям становится ясно: грядет конец света. Например, что к нашей Земле неумолимо приближается колоссального размера космическое тело, которое якобы уже хорошо просматривается даже невооруженным глазом. Это небесное тело является отколовшимся куском погибшей планеты, и ночью можно увидеть красноватое свечение этого объекта. По подсчетам ученых достигнет Земли этот сокрушительный метеорит 21 декабря 2012 года, а перед этим землянам предстоит увидеть на небосклоне два солнца, одним из которых будет планета-метеорит. Еще древние писали: «Бойтесь времени, когда планеты выстроятся в ряд, и бойтесь увидеть на небе два солнца, ибо это означает для вас конец света!»

В спорах ученых светил есть разногласия о размерах, весе и скорости летящей к нам беды. По некоторым источникам и расчетам ученых, а также по заключениям экспертов подобное происходит с регулярной неотвратимостью и жестокостью раз в 21 600 тысяч лет, и всякий раз такой визит несет нашей планете повсеместные наводнения, землетрясения, извержения вулканов, а также прочие катаклизмы и катастрофы. Это якобы очевидно из ранее расшифрованных текстов тех цивилизаций, которые существовали до нас. Добавляет тревоги и тот факт, что ученые мужи всего мира не скрывают своей озабоченности по поводу того, как быстро изменяется вид созвездий, о чем уже говорят даже рядовые обыватели, люди, далекие от знания астрономии. Ходят упорные слухи, что Земля погибнет не от кометы, а от огромного летящего к нам неуправляемого космического корабля!

Позвольте теперь мне сказать вам следующее. Мне известны многие святые пророческие книги, которые мне пересказывала по памяти моя бабушка, т. к. книги эти не сохранены по множеству причин (пожары, инквизиторская политика, гонения и охота на ведов, отрицание религии в СССР и т. д.). Все мои предки учили эти святые листы наизусть, а затем передавали из поколения в поколение. Конца света, или, как еще сейчас говорят, апокалипсиса, в разрекламированном 2012 году не будет! Человечество может здравствовать еще многие тысячелетия, но лишь до тех пор, пока не переполнится чаша терпения Бога нашего Иисуса Христа, ибо у Господа нашего милосердие безгранично, но Божье терпение не беспредельно!

Также в Святом Писании сказано просто и ясно, что **страшные дни отодвинутся молитвами истинно верующих в Христа. И по вере их, и по молитвам будет дана милость народам…**

О чем эти слова, что они нам говорят? Любите друг друга и прощайте. Забудьте слова «месть» и «война». Не разрушайте то, что создано Богом, и никогда не пытайтесь изменить или уничтожить то, что Он создал. Оглянитесь и ужаснитесь: океаны загрязнены нефтью и ядерными отходами, реки наполнены грязью и ядом. Из земли добываются ресурсы, без которых немыслимо ее существование. День и ночь выкачивается из ее недр нефть и газ, и земля содрогается от этого в конвульсиях землетрясений. Даже глубоко в океане проложены трубы нефтепроводов, которые рано или поздно проржавеют и повредятся, и тогда нельзя будет остановить истекающую из них в океан нефть. Призрачное благо, которое мы получаем, используя нефть, газ и прочие ресурсы, рано или поздно погубит нас или наших потомков... Пьянство, наркомания, убийства прорастают по всей земле, как в благодатной почве, посаженной дьяволом на погибель людям.

Призываю вас — молитесь и живите по-божески, и Боже вас сохрани мешать тем, кто за вас молится, иначе вы сами тем самым будете приближать конец света.

Ибо до тех пор, пока в мире есть люди, которые молятся за всех вас, конца света не будет!

СКОРОЕ СЛОВО

В предыдущих книгах я учила вас скорым словам, в этой книге я продолжаю эту тему. Для тех, у кого нет моих книг, поясню. Скорые слова, несмотря на мизерный объем слов, имеют не только большую магическую силу, но и быстрое действие. Со временем вы сами сможете убедиться в правоте и истине моих слов. Как же произносят скорое слово? Для действия и результата нет необходимости громко произносить магическую фразу, тем более не нужно кричать. Молитвы, заговоры, заклинания, шепотки и скорые слова можно читать про себя, не разжимая губ. Главное условие для того, кто будет читать скорые слова, произносить магическую формулу и т. д., — он ни в коем случае не должен находиться под действием алкоголя.

От потопа на воде
(скорое спасительное слово)

Если человек тонет или видит тонущего, нужно произнести:

Царю водяному и царице водяной
С малыми детками,
Простите раба Божьего (имя).

Кто это произнесет, тот выплывет и не утонет.

Если напали в пути

Нужно подумать или произнести:

Господи! Дай мне срока
Дойти до порога с этого пути,
Чтоб врагу меня не найти.

От сотрясения
при ушибе и падении

Если вы ударились или упали, нужно тут же произнести:

Мати-земля — святое место,
Престол — золотое кресло,
Как оно хорошо стоит,
Так и у меня пусть ничего не болит.

Скорое слово при ожоге

Свет до свету,
Заря до зари,
А у меня ожог не боли.

При укусе собаки

Если собака укусила, нужно тут же сказать:

**Пес, околей,
Тело мое, не болей!**

Или так:

**Укус, не боли,
Рана, заживи.**

Кто так скажет, тому никаких дурных последствий от укуса не будет.

Скорое слово от женского кровотечения

Правую руку положите на пупок и скажите:

**На дубовом троне, в золотой короне
Дева Мария сидит,
На меня, рабу (имя), глядит.
Как она глянет,
Кровь из утробы не канет.
Во имя Отца и Сына и Святого Духа. Аминь.**

13

Или так:

На море-на океане,

На острове, на Буяне,

Упал камень с небес.

Это не камень —

Господень Евангель.

Матушка Богородица подошла,

Святой камень,

Евангелие, нашла.

Меня им благословила,

Течь кровушке запретила.

Тьфу, тьфу, тьфу!

Ключ, замок, язык,

Аминь. Аминь.

Аминь.

Если надо ехать, а человек заболел

Перекреститесь и скажите:

Шла Матушка Мария,

Сыночка Христа за ручку вела.

Ко мне, грешному рабу, подошла.

Как Иисус Христос на меня поглядит,

Так у меня (имя) ничего не болит!

Во имя Отца и Сына и Святого Духа.

Ныне, присно, во веки веков.

Аминь.

От неизвестной хвори

Если вы заболели, а к врачу ехать далеко или по времени поздно, встаньте на колени лицом на восток, перекреститесь и скажите:

Выйду я, раба, из ворот в ворота,
Впереди меня и позади чернота.
Предо мной, у моих ног, Хитряк.
Вся боль моя в его когтях.
Сам Господь меня утешает,
Хитряка хворь прогоняет.
Во имя Отца и Сына и Святого Духа.
Ныне, присно, во веки веков.
Аминь.

Для успокоения
скандалиста

Увидев скандал, скрестите на груди руки и произнесите:

Матушка Богородица,
Скорая Помощница,
Платочком махни,
Рабов Своих усмири.
Во имя Отца и Сына и Святого Духа.
Ныне, присно, во веки веков.
Аминь.

Скорое слово от чирья

Если вы увидите у кого-нибудь чирей, сделайте на левой руке фигу и скажите:

**От огня нет воды,
А у чирья головы.**

Чирей после этого пропадет и больше его никогда не будет.

Защита от порчи

Проведите по лбу обручальным кольцом. Если вы еще не венчаны, то можно взять обручальное колечко своей матери. Скажите так:

**Кто порчу на меня возведет,
Тот сам от своей порчи помрет.**

ПУТЬ К ИЗБАВЛЕНИЮ

Отворот от пьянки

Чтобы пьяницу отвернуть от спиртного, нужно выпросить у кого-нибудь рубаху покойника, в которой тот умер. В три часа ночи встаньте на колени лицом к переднему углу и завяжите на подоле рубахи узел. Завязывая, произнесите:

Как мертвец в этот дом никогда не придет,
В руки мертвые вещь свою не возьмет,
Мертвым языком слов не скажет,
Пальцами мертвыми узел мой не развяжет,
Так и раб (имя) хмеля в рот не возьмет
И мое дело и слово не перебьет.
Ключ, замок, язык.
Аминь. Аминь.
Аминь.

Лечение запоя

Когда в поле зарод мечут, то на том месте остается на земле много соломенной трухи. Поставьте на труху бутылку с водой и говорите:

**Как эта труха никому не нужна,
Так бы было и тебе (такому-то)
Хмельное не нужно.**

Сказав так три раза, возьмите бутыль и несите ее молча домой. Всякий раз, когда пьяница будет есть или пить, подливайте ему заговоренную воду в еду и питье. Очень скоро он начнет отказываться от спиртного.

Как отговорить от пьянства

Добудьте где-нибудь завязки с ног покойника. На могиле с именем пьющего человека завяжите эти завязки на девять узлов. При завязывании каждого узелка говорите:

**Как этот покойник не пьет,
Никакого хмеля в рот не берет,
Так бы и раб Божий (имя) не пил,
Брагу зелену ко рту не носил.
Ключ, замок, язык.
Аминь. Аминь.
Аминь.**

ДЛЯ ЗДОРОВЬЯ, ОТ НЕДУГОВ

Сильный заговор от рака

На горе Хвалынской, в хваленом дому,
В хваленом святом терему,
В церкви стоит Престол.
На Святом Престоле
Хваленая Матушка Пресвятая Богородица
В руках держит меч —
Рака сечь.
Рака сечь и в корень его, и в белом теле (имя).
Рак болючий, рак растучий,
Рак по телу ползучий,
Зернистый, бугристый, кровящий, свербящий.
Здесь тебе, в этом теле, рак, не быть,
Не крушить его, не гнобить.
Да помилуй меня, Царица Небесная,
Богородица Мать,

Запрети раку мое тело белое жрать,

Грызть его и терзать.

Выгони его туда, где и птицы не летают,

Где люди и звери не гуляют.

Умертви рака, засуши,

Все корни его из моего тела удали.

Выгони его, высели, изруби.

Быть на теле моем запрети.

Покровом Своим Святым укрой, заслони.

Во имя Отца и Сына и Святого Духа.

Ныне, присно, во веки веков.

Аминь.

Лечение рака крещенской водой

На Крещение (19 января) идут рано утром к озеру или к реке и рубят прорубь. Из проруби берут воду, но не черпаком, а с иконы, т. е. льют на икону воду, а то, что с нее стекает, должно сливаться в кувшин или ведро. Дома на эту водицу наводят заговор и затем ею умывают и поят больного. Заговаривают воду так:

Водица-царица, брали тебя не для хитрости,

Не для мудрости,

А на Божью милость.

Господи, помоги!

Господи, благослови!

Христа Бога нашего на Кресте распинали,

И все раны Его глубокие заживали.

Так бы и у рабы Божьей (имя)

Вся хвороба прошла

И погибель ее навсегда от нее отошла.

Пойди ты, поганый враг, едучий рак,

В самый дальний овраг,

Там тебе отныне бытье,

Там тебе отныне житье.

Как Луна с Солнцем местами не поменяется,

Так и дело мое не сломается.

Живун-вода, поднимись, в слова мои облекись.

Как Крещенье дарит Божьим людям жизнь навсегда,

Так пусть будут крепки и сильны все мои слова.

На ныне, на века, на все светлые времена.

Аминь!

Отчитка от рака на зорях

Читают на зорях, утром и вечером. Главное условие, чтобы во время утренней зари и на закате на небе были видны красные полосы. Слова заговора такие:

Во имя Отца и Сына и Святого Духа.

Пришла я ко святой рукомоечке,

Ясною росой умываюсь,

Красною зарей вытираюсь,

Господу помолюсь,

Богородице поклонюсь.

Как Ты, Матушка Мария, Сына Христа умывала,

От всего, что приставало к Нему, очищала,

Так же и меня росою умой, зарей оботри,

С тела бела моего рак убери.

О, Господи, Спаситель мой Батюшка

И милая Святая Божья Матушка,

Возьмите вы всю боль мою и больную кровь

И возверните здравие мое вновь.

Хочу быть, какою меня народили,

Такой, какой в церкви меня крестили.

И будьте вы, все мои слова, быстры,

И станьте вы, все дела мои, сильны

С доброго часа, с Божьего наказа.

Во имя Отца и Сына и Святого Духа.

Аминь.

Для лечения шизофрении

Сначала читают молитву «Достойно есть», а затем такой заговор:

Ивово лыко, ивовый прут,

Как ты гнешься, ломаешься,

Во три раза кольцом сгибаешься,

Так и ты, хворь, согнись, сломись,

Во три раза кольцом свернись.

Будь, ум, у раба (имя) крепок, силен,

Святою молитвою просветлен.

В Киеве-граде змей-аспид и его плод,

Пусть оставит он (имя), от него уйдет.

Не бьет его, не колотит,

На него не находит ни в дни и ни по ночам,

Ни по минутам, ни по часам.

Пусть змей будет проклят и его плод,

Оставит разум и навеки уйдет.

Святые мои слова, справедливы мои дела.

Во имя Отца и Сына и Святого Духа.

Аминь.

Мужчин отчитывают в мужские дни, т. е. в понедельник, вторник, четверг, а женщин — в женские, т. е. в среду и пятницу. Читать нужно на воду, которой умывают больных.

От буйного помешательства

Ночью пешком пойдите к колодцу и принесите в дом больного колодезную воду. Заговорите ее так:

Бьется, бесится кровь бесовская,

Портится, льется кровь людская.

Уймись, бес, усмирись,

Раб (имя) по слову Божьему исцелись,

По Его делам, по святым телам,

Через Крест и терновый венец.

Приди бесу в теле раба (имя) конец.

Через Иоанна Крестителя, Пантелеймона Целителя,

Через Божьего Ангела,

Михаила и Гавриила Архангела,

Все сорок святых придите и (такому-то) помогите.

Во имя Отца и Сына и Святого Духа.

Ныне, присно, во веки веков.

Аминь.

От поноса

Бывает, что ни одно средство, ни одно лекарство не помогают от поноса. В этом случае прочитайте заговор на воду, выпейте ее — и все тут же пройдет. Читают так:

Лежит поле богато, в нем есть нора засрата.

Там срамной порог, там живет хорек.

Пойди с рабы (имя) вся грязь с нутра.

Идите во поле, все охи и вздохи и маета.

Как в миру дерьма никто не считает,

Так пусть и (такая-то) дристуном не страдает.

Ни девять, ни восемь, ни семь, ни шесть, ни пять,

Ни четыре, ни три, ни два и ни одного,

Чтоб дристун ушел от слова моего.

Чтобы сердце не болело

Если «колет» в сердце или появилась в сердце боль, возьмите нож с деревянной ручкой, постучите ручкой ножа о край стола и скажите:

Как ножу этому не больно,

Так чтоб сердцу моему не болеть,

Не щемить, не колоть и не скорбеть.

У ножа ручка деревянная,

Хворь моя, будь стеклянная.

Себя ножами заговорю,

А хворь стеклянную расколю.

Ключ, замок, язык.

Аминь. Аминь.

Аминь.

Избавление от импотенции

Если мужчина всерьез обеспокоен своим половым бессилием, то он должен выполнять нижеуказанные правила, только в этом случае он сможет избавиться от импотенции. Следует усвоить и понять раз и навсегда: употребление алкоголя дает временную и ложную сексуальную активность, на самом же деле алкоголь не только ослабляет основную половую функцию, но и обязательно ее уничтожит. Если вы хотите быть полноценным мужчиной, нужно алкоголь полностью исключить! Бытует ошибочное мнение о том, что пиво не только безвредно, но и чистит от песка почки. Подобное может думать глубоко невежественный человек. Доктор медицинских наук, ученый, автор многочисленных трудов Николай Сергеевич Зеленцов предупреждает о непоправимом вреде, наносимом именно употреблением пива. Внутренность человеческой почки удивительно нежна и беззащитна, пиво напрочь губит этот жизненно важный орган, причем восстановить его нормальную функцию удается крайне редко! Кроме этого, все сорта пива имеют в своем составе растительный женский гормон, который попадает в пиво из хмеля, а без этого растения создать пиво невозможно. Человек, выпивающий больше одного стакана пива в день, заряжает себя большой порцией этого гормона. Сам этот гормон, парный с женским гормоном, попав вместе с пивом в мужской организм, перестраивает мужское начало на женское. У мужчин, часто пьющих пиво, образуются животы («пивной живот»), что является доказательством насыщения женскими гормонами мужского организма. Старшее поколение прекрасно помнит, что в годы, когда пиво употребляли меньше (оно, как и многие товары и продукты, было дефицитом), у мужчин в любом возрасте встречалось гораздо меньше огромных животов. Рождаемость была в то время куда более высокой, т. к. мужчины обладали большей активностью, нежели нынешнее поколение, без меры пьющее пиво и вино.

Для активной половой деятельности мужчинам необходим полноценный сон (не менее восьми-девяти часов). Кроме достаточного количества мяса, им требуются свежие овощи, весьма полезно пить свежие куриные яйца (до одного стакана в день битых яиц). Не забывайте есть курагу.

Если мужчина слаб, ему обязательно помогут сидячие «ванночки» поочередно в холодной и горячей воде, примерно по одной минуте. Для этой процедуры потребуется два тазика. Лучше, если это делается в бане.

Проверенным средством от импотенции является поочередное прикладывание обвернутого в ткань куска льда сначала на ребра в области сердца, затем на лоб и в последнюю очередь на мошонку. Прикасаться льдом нужно в скором темпе, таким образом, чтобы не застудиться, а вызвать прилив и отлив крови. Все, кому это было рекомендовано, оставались довольны полученным результатом.

Ниже я даю заговор от половой слабости, который очень хорош, но им нельзя пользоваться в дни постов и, конечно же, в святые праздники. Напоследок хочу еще раз напомнить, что все ваши усилия будут тщетны, если вы будете употреблять алкоголь и не соблюдать данные правила.

Заговор от половой слабости

Читают на питье (чай, молоко). Слова такие:

По восточной стороне,

На морской глубине лежит сук.

Он не гнется и не ломается,

Змеею не извивается.

Его нельзя сломить, его нельзя перебить.

Кто за сук тот возьмется,

У того … проснется.

Сна ему не будет, покоя,

Будет он всех баб беспокоить.

При зорьке ясной, по утру,

Днем, при солнышке и по вечеру.

Как сук крепок на морской глубине,

Так пусть крепкое полое место будет на мне.

Ключ моим словам,

Замок моим делам.

Аминь. Аминь.

Аминь.

Исправление потенции в бане

Придите в жарко истопленную баню в четверг. Помочитесь через свое венчальное кольцо в ведро, вылейте содержимое на себя и скажите:

На дубу ствол и сто веток как железо стоят.

На моем теле торчит ...,

Как углы каменные торчат.

Отныне и присно и во веки веков.

Аминь.

Если болен ребенок

Иногда врачи не могут поставить верный диагноз, и ребенок медленно угасает от неизвестной болезни. В этом случае я советую испробовать еще один способ, довериться проверенному временем целительному заговору. Читают его над спящим ребенком, стоя в головах. Читать нужно три раза:

Я сама, мати, тебя, дитя, носила,

Сама тебя народила.

Сама бы тебя Христом Богом исцелила.

А соберитесь вы, ангелы, и отнесите

Молитву мою архангелам.

Архангелы, молитву возьмите

И к Богородице унесите.

Матушка Богородица, Святая Помощница,

Изведи у раба Божьего хворь,

Утоли всякую его боль.

Как Ты Сыночка Христа пеленала,

От бед Его укрывала,

Дитя мое (имя) так же укрой,

Пошли ему здравие и покой.

И будьте вы, слова мои, крепки,

И будьте вы, дела мои, лепки.

На ныне и на века, на все светлые времена.

Во имя Отца и Сына и Святого Духа.

Аминь.

Как отвязаться от любой хвори

Нужно девять раз подняться на самое высокое место и, глядя в небо, говорить:

Господи, щит мой надежный.

Пусть камень дома, где Ты родился,

И место то, где Ты крестился,

Встанут на защиту жизни моей!

Во имя Отца и Сына и Святого Духа.

Ныне, присно, во веки веков.

Аминь.

Как ускорить выздоровление

Если человек долгое время лежит и не поднимается, можно испытать еще одно очень сильное средство. Приведите в дом, где лежит больной, незрячего человека. Пусть слепой с левой руки напоит из кружки больного, а самый младший в вашей семье должен в это самое время говорить:

Христос царствует.

Христос повелевает.

Христос спасает и исцеляет.

Аминь словам.

Аминь делам.

Аминь, все хвори, и вам.

ОТ ПОРЧИ, ОТ СГЛАЗА, ОТ ПРОКЛЯТИЯ

От порчи, наведенной по ветру

Если у вас есть злейший враг, задумавший вас извести, он может выйти в ветреную погоду и кричать раз на ветер, раз против ветра заклятие на ваше имя. Выйдя на улицу в тот же день, вы обязательно заболеете. Снять эту порчу можно так. Зайдите в баню в ночной рубахе. В бане должно быть жарко так, чтобы вы взмокли. Сидя на полке, читайте молитву раз за разом, а ночью вывешивайте потную рубаху на улицу. Ветер будет ее трепать и отнесет ваши заговоренные слова тому, кто вас испортил. Заговор такой:

Порча ночная, порча ветряная,
С гулянья, с питья, с еды,
С завязанной в узлы лебеды,
Утренняя порча, дневная,

Вечерняя и ночная,

Пойди, порча, на мой пот,

Пусть назад ее мой враг заберет.

Крови тебе моей, порча, не пить,

Тело бело мое не ломить,

В землю-мать, в гроб не ложить.

Пойдите, мои слова, на пот,

С пота на рубаху,

С рубахи ее ветер возьмет,

А с ветра враг заберет.

Ключ моим словам,

Замок моим делам.

Во имя Отца и Сына и Святого Духа.

Аминь.

Как снять порчу

Найденную на кладбище денежку (любую) положите на могилку с таким же именем, как у вас, и скажите:

Порча моя, я продаю тебя этому мертвецу,

Теперь твое место, где покойник живет!

Делают это только на убыльной луне.

Как снять заклятие

Ставят человека лицом на восток, обрызгивают святой водой и говорят:

Першим разом,

Святым часом,

Во имя Отца и Сына и Святого Духа.

Аминь.

Начинаю я читать-вычитывать,

Говорить-выговаривать,

Заговорным словом заговаривать.

При трех святых отцах,

При трех святых ликах,

При Отце и Сыне и Святом Духе.

Не я лечу, Господь помогает.

Не я помогаю, Господь исцеляет.

Сойдите и уйдите, проклятья,

Заклятья и все треклятья:

Поветренные и дверные,

Громкие и шепотные,

С алой кровью и без крови.

На старом месяце и на нови,

Родственное и чужое,

Мирское и колдовское,

Стариков и старух,

Молодцев и молодух,

Тайное и явное,

Скрытое и открытое,

Разное, чем ведун хвалится

И о чем молчит,

О чем шепотом говорит.

Что сделано и в глаза и за глаза,

О чем давно сказано

И о чем сказать нельзя.

Всякое проклятье

И заклятье снимаю

И колдуну этого не прощаю.

Солену ему воду пить

И слезу ему лить.

Слово мое крепко,

Дело мое лепко,

Никому его не переделать,

Не перебить, никому (такую-то) не сгубить.

Ключ моим словам.

Замок моим делам.

Ключи в море,

Замок в земле,

А обереги на (такой-то) Божьей рабе.

Ключ, замок, язык,

Аминь. Аминь.

Аминь.

Если сильно сглазили

Налейте в ковш воды, поставьте его на кровать и, встав у кровати на колени, смотритесь в воду и говорите:

Стоит в чистом поле сухота,

Сама себе маета.

Мне бы так не маяться, не худеть,

В жару не мерзнуть, в мороз не потеть.

Сама ль себя сурочила иль другие,

Случайные, родные ли иль чужие.

Возьми на себя мое отражение, мою хворь,

Забери себе мою боль.

Ключ моим словам, замок моим делам.

Во имя Отца и Сына и Святого Духа.

Ныне, присно, во веки веков.

Аминь.

Выйдите на улицу и наотмашь, через плечо, вылейте воду на землю (при необходимости делать так три раза).

От наведения порчи

Читают перед тем, как идти в народ:

Во имя Отца и Сына и Святого Духа.

Аминь.

Молитвами святыми Боже, Отец наш,

Милуй мя Господи, рабу (имя).

Милуй и сохрани от всех врагов-супостатов,

От кровных, чужих, нищих и богатых,

От старых стариков, от молодых мужиков,

От девок замужних и от вдовиц,

От сильных колдунов и слабых колдуниц,

От еретика и от еретицы,

От завистливой цыганской десницы.

Кто подумал, кто пожелал,

Кто анафеме мое имя предал.

От всех бед меня, Боже, сохрани,

От всех врагов меня защити.

Шла Матерь Божья со взморья,

Несла мне (такой-то) здоровье.

Кто восхочет мне навредить,

Тому Богородица запретит.

Слова мои по этот час,

Дела мои по всякий раз,

По эту минуту, по сию секунду.

Во имя Отца и Сына и Святого Духа.

Ныне, присно, во веки веков.

Аминь.

Наказание за злодейство

Если вам не известно имя вашего врага, встаньте в Великий четверг в три часа ночи, откройте дверку в печи и в нее кричите:

Ой вы, ножи булатные!

Летите вы быстрей, сорок булатных ножей.

Летите, найдите того,

Кто виновник горя моего.

Режьте его, колите,

Не спите и не дремите,

Сами не отдыхайте,

Врагу не давайте.

Как вода в реке задом наперед не течет,

Рыба в небе соловьем не поет,

Солнце по ночам не сияет,

Лед при лютых морозах не тает,

В небе курица не летает,

Кровь дитя своего мать не пьет,

Так и враг мое заклятье не перебьет.

Первый ключ лежит в черной реке,

Ключ второй в желтом песке.

Тех ключей никто не возьмет

И замок мой не отопрет.

Ключ, замок, язык,

Аминь. Аминь.

Аминь.

Наказание вору за украденную вещь

Положите крестик на то самое место, где была украденная вещь, и скажите:

Святые дела и помыслы,

Послы Божьи и праведники,

Вступитесь за меня (такую-то).

Кто (то-то и то-то) забрал,

Тот чтоб нынче же

От суда вашего пострадал.

Во имя Отца и Сына и Святого Духа.

Аминь.

ДЛЯ ЛЮБВИ, СЕМЬИ, ДЕТЕЙ

Если отец забыл о своих детях

Из письма:

«Мой муж, с которым я прожила больше тридцати лет, ушел к соседке по нашей даче. Она его приделала так, что он забыл и детей, и внуков. Когда я ему звоню и пытаюсь рассказать о внуке, которого он безумно любил, он перебивает меня, взахлеб рассказывая мне о внуках моей соперницы, как будто бы это его родные внуки! Сердце мое обливается кровью. Мало того, что я, прожив столько лет с мужем, осталась под старость одна, так он и собственных деток забыл, а ведь он любил их пуще своей жизни. Помогите вернуть любовь отца своим детям».

Нужно взять два креста, в которых венчалась супружеская пара, и перекрестить ими спину идущего мужа, говоря при этом:

Как Святая Церковь крестами дорожит,

Так пусть и муж мой, раб (имя),

О своих детках дрожит.

Ключ, замок, язык.

Аминь. Аминь.

Аминь.

От измен

Из письма:

«Милая матушка Наталья Ивановна, я родила сыночка, ему девять месяцев, а муж мой начал гулять. Изменяет мне, потом кается, а через время снова начинает гулять. Я вся измучилась, молоко пропало. Ребенок плачет, а мне так тяжело, что даже до ребенка нет дела...»

Соберите с подушки волосы своего мужа, спрячьте их на печи (которую топят углем и дровами) и скажите:

Во имя Отца и Сына и Святого Духа.

На море-на океане,

При ночном урагане

Тонул корабль.

И как он на дно морское упал,

Так бы и у моего мужа до чужих баб

Пыл пропал.

Ключ, замок, язык.

Аминь. Аминь.

Аминь.

Очень сильная присуха для мужа

Положите недоеденный мужем кусок хлеба на краешек печи и скажите:

Как печь кусок этот сделает сухарем,
Так по мне будет муж сохнуть, страдать,
Каждую секунду вспоминать.
Как нитка тянется за иглой,
Так и муж мой будет всюду за мной.

Заговор от супружеской измены

Из письма:

«Долго не решалась Вас побеспокоить, но по-другому, видно, никак. Моя семейная жизнь разрушена. Муж мой имеет молодую любовницу и сказал мне об этом сам. Женщина эта хоть и молодая, но наглая до предела. Она, не стесняясь, звонит и пишет эсэмэски, в которых просит у него денег то на это, то на другое. Он влез в долги, взял ссуду и купил ей норковую шубу и машину. Перетаскал ей все мои украшения, а недавно подал на развод. Теперь требует размена жилья и продажи дачи. Все, что мы с ним нажили за двадцать пять лет, он кладет к ее ногам. У нас трое детей и уже есть внуки. Я сильно похудела и стала болеть, а главное, я не могу без него и просто умираю. Его раздражают мои слезы, он стал агрессивным и без конца с ней перезванивается по телефону. Она вряд ли его любит, т. к. сказала ему, что примет его только тогда, когда он заберет у меня с детьми половину жилья и перепишет на нее. *Милая Наталья Ивановна, научите меня молитве, чтоб муж не изменял мне с ней и остался жить со мной и с детьми...»*

В этом случае можно читать такой заговор:

Божьим часом, светлым гласом
Начинаю отворотные слова.
Спиридон-солнцеворот!
Как ты, красное солнышко, ворочаешь,
И небо, и землю, и светлую луну,
Так же, красное солнышко, открути и отвороти,
Разбей и навек раздели раба Божьего (имя)
От рабы Божьей (имя).
Чтоб они век по веку не знались,
Друг до друга руками не касались.
В очи бы друг друга не смотрели,
На дух бы друг дружку не терпели.
Мерзли бы, друг при друге дрожали,
В разные сторонушки бежали.
И была бы серая змея ему милей,
Гнал бы от своих ее дверей.
Пахла бы она ему дерьмом,
Свиным и собачьим говном.
Не скучал бы он по ней, не горевал,
Никогда по имени ее не звал.
За дубовый стол с ней не садился,
На постель бы с ней не ложился.
Болела бы голова у него от вида ее одного.

Ключ моим словам,
Замок моим делам.

Приворотные слова

Когда муж уснет, прикоснитесь к его глазам и скажите про себя:

Когда лоб его от глаз отойдет,
Тогда только ко мне любовь мужа пройдет.

Шепоток вслед мужу

Иди, милок мой, иди,
Да поскорей назад приходи,
Где бы ты, милок, ни бывал,
Ни одну бы бабу не целовал.
Как нельзя жить без печени тезя,
Так и тебе прожить без меня нельзя.
Ключ, замок, язык,
Аминь. Аминь.
Аминь.

Чтобы нравиться всем людям

Прежде чем вы отправитесь на люди, скажите:

Выхваленная Богородица,
Выхвали меня, Божью рабу,

На сей день, на сей час,

На все минуты и все секунды,

На все людское собрание

И всю честную компанию.

Все чтоб на меня зрели-глядели,

Снести моей красоты не сумели.

Быть бы мне средь народа всех краше, милей,

Среди самых пригожих всех красивей.

Ясней месяца, краше солнца,

Дороже, чем узнику свет в оконце.

Дороже, чем матери и отцу дитяти,

Чем кобылице ее жеребяти,

Овце-матке ее ягнята,

Свинье-матке ее поросята.

Старые, молодые,

Женатые, холостые,

Все, все, все чтоб на меня любовались,

Кланялись мне и улыбались.

Закрываю слова мои и дела на замки

И бросаю в океан-море ключи.

Ключ тот невидимый никому,

Только лишь Господу одному.

Во имя Отца и Сына и Святого Духа.

Ныне, присно, во веки веков.

Аминь.

ДЛЯ УДАЧИ, ДЛЯ УСПЕХА, ОТ БЕДЫ

Вспомнить забытое

Если вылетело из памяти слово или вы не можете вспомнить, куда положили вещь, нужно трижды произнести:

Есть за морем три зари,
Как звать первую зарю, я забыла,
Второе имя с памяти смыло,
А имя третьей зари Богородица мне открыла.
Во имя Отца и Сына и Святого Духа.
Аминь.

Чтобы кошелек всегда был при деньгах

Днем приметьте осинку, а когда солнце сядет, подойдите к ней и возьмитесь за ее ствол левой рукой. Перекреститесь и скажите:

Как никто твоих листов не считает,
Никто точного им счета не знает,
Так бы чтоб и в моем кошеле
Невозможно было сосчитать денег мне.

Сказав так, повернитесь и уходите. По дороге нельзя ни с кем разговаривать и нельзя оглядываться назад.

От бедности и нищеты

В полнолуние встаньте у гнилой колоды, тычьте в нее указательным пальцем и говорите:

От меня нищета уйдет и на эту колоду сойдет.
На мне отныне нищете не быть,
А на колоде нищете и бедности жить!

Слова в пути

Вас никто не обидит, если вы, прежде чем выйдете из дома, скажете:

Я из дома, Ангел-хранитель со мной,
Богородицы Покров надо мной!
Во имя Отца и Сына и Святого Духа.
Аминь.

ЧТО НЕОБХОДИМО ЗНАТЬ КАЖДОМУ

Беременная женщина не должна задувать свечу, иначе жизнь ребенка будет короткой.

❖ ❖ ❖

Кто прикурит от церковной свечи, тот не жилец.

❖ ❖ ❖

Кто станцует под колокольный звон, тот со временем останется без ног.

❖ ❖ ❖

Переступивший через конский навоз всю жизнь будет трудиться, а денег не будет.

❖ ❖ ❖

Кто поест сидя на грядке, заболеет нутром.

❖ ❖ ❖

Если у кого огород «испорчен» и ничего не растет, наденьте ту вещь, в которой отстояли Пасхальную или

Рождественскую службу, и сейте — урожай будет большим.

Не сейте и не сажайте, если поблизости у соседей покойник, не то и вам в этом будет «урожай».

Если на вашей улице покойник и вы это знаете, не справляйте свадьбу, не то и в вашем доме будет беда.

Если пожилая женщина занимается прополкой на грядке полулежа, то она может скоро умереть.

Не ешьте ягоду, которую поклевали птицы, иначе вы состаритесь рано.

Люди, у которых из дома бегут кошки и собаки, должны над этим задуматься, т. к. не исключено, что в их доме поселилась нечистая сила. Животные, как никто другой, не только чувствуют ее, но и видят. Обычно в такие моменты у них поднимается шерсть на загривке, при этом они шипят или истошно лают. Более пугливые животные забиваются под кровать и прячутся в другие укромные места. В таком случае нужно пригласить батюшку, чтобы он освятил ваше жилище. В старые времена люди защищали себя тем, что втыкали в косяк нож, которым резали пасхальные куличи. Спали на подушках, в которых была набита богородская трава, т. к. она имеет свойство отгонять дьяволов.

Если куры не несутся, подмешайте им в корм золу с Чистого четверга — яиц будет много.

Кто ставит в своем доме в вазы кусты черемухи, у того весь год в семье ссоры будут.

После заката не берите яиц из гнезда — куры перестанут нестись. По этой же причине нельзя жечь в печи скорлупу от яиц.

Если мать целует маленького ребенка в попку, он ее слушаться не будет.

Когда месяц народится, не произносите после заката плохих слов, иначе они сбудутся.

Не тычьте пальцем в луну, рука сохнуть начнет.

От паралича помогает колодезная вода, взятая с трех колодцев. Больного умывают и поят этой водой со словами:

Вода с руки пролилась,
А с (такого-то) хворь убралась!

❖ ❖ ❖

Кто вытирает углом скатерти руки, у того никогда в руках денег не будет.

❖ ❖ ❖

Кто срубит на кладбище дерево и сожжет в печи, у того в доме будет покойник.

❖ ❖ ❖

В пост не переезжают из дома в дом — житья не будет!

❖ ❖ ❖

Купленной скотине дайте новую кличку, иначе она будет болеть.

❖ ❖ ❖

Пока петух не запоет, в дорогу из дома не выезжайте.

❖ ❖ ❖

Не отнимайте дитя от груди в дни мучеников и великомучеников, чтобы ваше дитя не страдало.

ВОПРОС — ОТВЕТ

Вопрос. «Я имею большую вину перед человеком, которого уже нет, а на проповеди я слышал, что обидчик (в данном случае я) не будет до конца прощен Богом, пока искренне не раскается и не попросит прощения у того, кого обидел. Как мне быть, вина моя сильна, а человек умер...»

Ответ. Если нет того, перед кем вы виноваты, нужно подавать за него милостыню, молиться о его душе и обязательно принести Богу благочестивый обет, который будет выражаться в исполнении вашего обещания, например, оказание посильной помощи близким или родным покойного, сотворение благих поступков, дабы искупить свою вину.

Стремитесь жить, творя добро, даже ради пролитой крови Иисуса Христа, а не только когда необходимо получить прощение. Конечно же, в современном мире трудно быть кристально честным и правильным, но и нельзя этим оправдывать свои плохие дела. В Святом Евангелии сказано, что человек сперва делает добро из страха наказания, как раб. Потом он совершает добро, исключительно ожидая награды от Бога. Но проходит время, и человек начинает воспринимать Бога как своего Отца, а не как раб. И не хочет, чтобы Отец Небесный огорчался, страдал из-за нерадивости своего дитя. Так же как если, уважая и любя мать и отца своих земных, не позволили бы себе при них выражаться матом и творить зло кому бы то ни было. Старались следовать их наставлениям даже тогда, когда их нет рядом.

Вопрос. «Моя бабушка глубоко верующий человек, и, когда я начинаю ее убеждать обследоваться или одеться потеплее, она упрямо твердит: "Сколько Богом дано, столько и буду жить!" Мы бабушку очень любим и не хотим рисковать ее здоровьем. Права она или нет? Бабушка очень любит Ваши книги, и я хочу, чтобы она прочла Ваше мнение. Бабушку мою зовут Матрена Филипповна».

Ответ. Передайте, пожалуйста, Вашей бабушке следующее. Дорогая Матрена Филипповна, жизнь — величайший дар Божий, вот почему следует заботиться о своем здоровье. Неуважение к своей жизни, к своему здоровью — это грех! Тело наше создано по образу и подобию Бога, и в знак уважения этого нужно заботиться о своем теле, о его здоровье и чистоте. Чем больше вы чтите дар Божий, тем больше его бережете. В монастырях, например, в холодное время года, чтобы простуда не нанесла ущерб здоровью, едят чеснок, пьют клюквенный морс и т. д. А если необходимо, то и делают прививки, т. к. нельзя наплевательски относиться к своему здоровью. Врачевание — это то, что послано Богом людям в их нуждах. Заботясь о своем здоровье, вы сможете еще долго радовать близких своим присутствием на земле.

Вопрос. «Мой муж дал мне слово на Библии не пить, т. к. я собралась с ним разводиться. Последнее время, когда он возвращается с работы домой, я вижу, как он напряжен, видимо, ему необходимо выпить и расслабиться, но он верующий человек и к тому же не хочет терять семью. Как я могу ему помочь?»

Ответ. Делайте ему каждый день расслабляющий массаж, он поможет мужу расслабиться лучше любого алкоголя. Не забывайте перед массажем приготовить пенную расслабляющую ванну, сейчас купить всевозможные ароматические масла для ванн не проблема. К хорошему привыкают быстро, и вы вскоре увидите, что он будет сам вас просить делать ему массаж. Готовьте ему травяные чаи. Их сборы также имеются в аптеках. Не испытывайте терпение мужа нотациями и выяснением отношений, это будет работать против вас. Разнообразьте ваш семейный досуг. Пригласите его на пикник или на рыбалку. Ходите по грибы, а зимой чаще гуляйте с ним по заснеженным улицам. Чаще говорите мужу о своей любви, помните, мужчина, которого женщина любит и им гордится, будет стараться гнать от себя мысль о вине, чтобы не уронить перед вами свой авторитет.

Вопрос. «Мне привезли из Китая корень женьшеня, но я не знаю, как мне сделать из него полезное питье или настойку и как следует его принимать?»

Ответ. Женьшень используется при физической и умственной усталости. Помогает при упадке сил и при истощении после болезни. Женьшень необходим при функциональных заболеваниях центральной нервной системы, например, психастении, неврастении, и всех нервозах. Помогает женьшень при сахарном диабете, при пороках сердца, атеросклерозе, при половой слабости у мужчин, заболеваниях печени, малокровии, анацидных гастритах. Теперь уже доказано, что женьшень играет немаловажную роль в лечении онкозаболеваний, причем он отлично снижает токсичность противораковых средств, включая химию и лучевую терапию. Полезен женьшень и для слабых глаз, замечательно увеличивает лимфу в крови, удаляет излишнюю мокроту и препятствует ее скоплению в организме. Женьшень по праву зовется корнем жизни, т. к. он омолаживает человека и дает ему силы для долгой жизни. Нужно знать, что и у женьшеня имеются противопоказания, он может повредить людям, имеющим склеротические изменения сосудов сердца и головного мозга, а также тем, кто страдает тяжелой формой гипертонической болезни.

Для приготовления настойки женьшеня возьмите 100 г корня женьшеня на 100 мл 70-процентного спирта. Дайте настояться 3 недели в прохладном темном месте. Принимайте по 25 капель настойки 3 раза в день за 30 минут до еды. Если вам по какой-то причине нельзя пить лекарственные средства на спирту, вы можете приготовить лечебный настой на воде. Для этого возьмите 50 г женьшеня, измельчите и залейте 2 стаканами кипятка. Один раз доведите настойку до кипения и, накрыв крышкой, дайте постоять 1 час. Пейте по 1 ст. ложке 3 раза в день за 30 минут до еды.

Вопрос. «У моей сестры образовался лишай. Она вечно таскает в дом бездомных кошек и собак. Как можно ей помочь народным средством?»

Ответ. Подобный лишай пройдет, как только вы натрете его разрезанным изюмом (кишмишем).

Вопрос. «Моя мама заставляет меня носить магнитные клипсы, которые она купила в магазине. Мало того, что они мне не идут, так я еще и чувствую себя в них не совсем хорошо. Всем ли можно их носить или нет?»

Ответ. У лечения магнитом есть свои положительные стороны, например, магнит назначают в санаториях и курортах для лечения суставов. При этом за пациентом наблюдают врачи, которые в случае жалобы на головокружение, сердцебиение и т. д. тут же отменяют магнитные процедуры. Головной мозг очень восприимчив к электро- и магнитным воздействиям, вот почему ношение магнитных клипс и браслетов несколько рискованно и по сути не всем идет на пользу. Существуют заболевания, при которых ношение магнитных клипс и браслетов категорически запрещено. Например, системное заболевание крови, инфаркт миокарда, онкология, беременность, инфекционные заболевания, а также индивидуальная непереносимость.

Вопрос. «Что Вы можете посоветовать при начальном облысении из проверенных народных методов?»

Ответ. Советую мыть голову отваром молодой поросли облепихи, регулярно пить этот отвар и есть свежую облепиху. Прекрасный результат дает и мытье головы отваром растения костяники. Полезно втирать в кожу головы масло, в котором варилась кора ивы, листья крапивы и полыни (в равных частях). Постоянный уход за слабыми волосами непременно дает положительный результат.

Вопрос. «У меня сильно болят ноги, аптечные мази для меня — бесполезная трата денег. Что можете посоветовать?»

Ответ. Обмажьте трехлитровую банку изнутри чем-нибудь сладким и положите банку на муравьиную кучу. Когда банка наполнится муравьями, закройте ее крышкой. Муравьев заваривают кипятком и парят больные ноги. Сразу же после этого на подсушенные ноги накладывают компресс из расплавленного парафина. Компресс делают так. Небольшое полотенце опускают в расплавленный парафин, дают стечь и охлаждают парафиновую ткань до той температуры, которую вы можете вытерпеть. Не делают компресс на те места, где имеются варикозные шишки.

Вопрос. «Милая Наталья Ивановна, я с удовольствием читаю Ваши книги, пользуюсь Вашими советами, и у меня к Вам во всем безграничное доверие. Мой вопрос может показаться странным и, наверное, не таким жизненно важным, как у других Ваших читателей. Но для меня это важно. Дело в том, что у меня депрессия, и началась она после просмотра спектакля забыть Герострата», суть этого спектакля вот в чем. В древнее время человек по имени Герострат в какое-то мгновение осознал, что его жизнь подходит к концу и после его смерти, со временем, на земле никто о нем не вспомнит, так как будто бы его никогда и не было вообще. Эта мысль настолько засела в его голову и так не давала ему покоя, что он решил сжечь храм, чтобы хотя бы по этой причине его запомнили. Позже он все-таки так и поступил. Когда его судили, то, узнав причину, по которой он уничтожил прекраснейшее святилище, властитель города издал указ: забыть Герострата и вычеркнуть его имя из списков живых уже при его жизни. Но с тех пор прошли века, а Герострата, пусть даже и по его греху, люди все-таки знают. В тот день, придя после спектакля домой, я задумалась над тем, о чем до этого никогда не думала. Мне шестьдесят четыре года, и я уже пожилой человек, а это значит, что и смерть моя уже не за горами. Пройдет еще тридцать, сорок, пятьдесят лет, и мое имя будет забыто, ведь даже могилы на кладбище через пятьдесят лет сносят. Все кончится для меня. Вряд ли мои потомки когда-нибудь будут задумываться над тем, что я жила и носила это имя, размышлять над вопросом, какой внешностью я обладала и какой у меня был характер. К примеру, мы знаем А. С. Пушкина только лишь благодаря его стихам, но при его жизни, в то же самое время жили еще сотни миллионов людей, о них теперь никто не думает и не вспоминает. А я? Я ведь обычная женщина, домохозяйка. Вся моя жизнь прошла в приготовлении еды, стирке и глажке белья. Тонны еды и грязи были в моих руках за всю мою жизнь. Воспитывала детей, внуков, переживала за них, а они выросли и живут отдельно от меня. Умру, меня схоронят и раз в год, на родительский день, придут. Если еще придут! Я ведь тоже не знаю имен своих предков и ничего о них не знаю, а теперь подходит и мое время забвения. Все это так жутко, что я даже не могу по ночам спать. Депрессия меня съедает, я погибаю. Прошу Вас, ответьте мне, Вы ведь мудрый человек, права я или нет?»

Ответ. Скажу сразу, эти мысли рано или поздно приходят почти всем людям. Не потому ли еще много веков назад об этом задумался Герострат. Вы далеко не одиноки в своих муках. Самое ужасное, что уже были и, наверное, не раз еще будут случаи суицида именно из-за страха неотвратимости вечного забвения. Получается парадокс: человек накладывает на себя руки из-за дикого страха перед смертью и забвением, т. е. сама эта мысль гораздо страшней действительности и человек этого не выносит! Давайте же об этом поговорим. Дорогая моя, начнем наш разговор с вопроса, чего вы больше всего страшитесь: того, что вы умрете, или того, что вас забудут? Во-первых, у вас есть дети и внуки, и даже если вы лично в своей жизни не совершили никакого подвига, не написали всемирно известных стихов, наверняка в будущем ваши потомки принесут определенную пользу, совершат важные для всего человечества открытия, изобретут то, что облегчит жизнь другим людям, а значит, это будет и ваша заслуга, т. к. это будут именно ваши потомки! Пушкин прославил своим талантом не только себя, но и своих предков. Конечно же, вряд ли возможно воспроизвести полное древо его родословной, но подумайте сами, если бы не его прапрабабки и деды, если бы они вовсе не жили на свете, то не было бы и Пушкина, и мы никогда бы не смогли с упоением читать его изумительные сказки о царевне Лебеди, о рыбаке и золотой рыбке и многое другое. Не знаю, утешили ли вас мои слова или нет, но вы должны понять еще одну очень важную вещь. Вам необыкновенно, просто фантастически повезло уже в том, что вы появились на свет. Потому что вы попросту могли никогда не родиться! Какое немыслимое счастье вы получили абсолютно даром! Вспомните сейчас ваших маму и отца, вашу бабушку, их ласку и заботу. Руки, готовившие для вас еду. Лакомство, которое было якобы от «зайчика». Ленточка в косичках. Новогодние игрушки и подарки. Солнышко, встречающее вас по утрам, и узоры на окнах в заснеженную зиму. Лужи после дождя и ослепительные блики солнца в этих дождевых теплых лужах. Щеки, горящие от мороза, и предчувствие счастья по утрам. Ваши осторожные движения, когда вы шли, неся в себе своего ребенка. Первую улыбку младенца, которого вы народили на свет. Это и есть ваше продолжение. И отныне во всех будущих поколениях будет всегда ваша кровь! Милые наши детки и внучата, их ясные глазки не смотрели бы теперь на мир, если бы вы не родились. Разве все это не стоит слов благодарности Богу? И не нужно делать трагедию из-за того, что вы в преклонных годах. Ведь столько людей умерло на много десятилетий раньше вас, не дожив до ваших лет и седин. Удача сопутствует вам и балует даже в этом. Будьте же во всем благодарны Богу, и Он обязательно вас вознаградит еще многими годами жизни, а когда подойдет нужный час, то Он примет вас в свои объятия и вы увидите в Его Царстве своих ранее ушедших родных.

Вопрос. «Мой муж ест очень много мясной пищи и за раз может съесть полтора килограмма мяса. Ест все подряд: говядину, свинину, баранину, кур — и когда я варю мало мяса, устраивает скандал. У меня вопрос, вредно это или нет? Если не вредно, то пусть ест, сколько влезет».

Ответ. Чрезмерное употребление белков (в данном случае мясной пищи) чревато нарушением функции почек. Это также является серьезной нагрузкой на сердечно-сосудистую систему. Страдает от изобильной мясной пищи и желудочно-кишечный тракт, и, как следствие, появляется дисбактериоз. Постарайтесь об этом убедительно рассказать мужу. Старайтесь готовить что-нибудь новенькое, более разнообразное, чтобы он переключал свое внимание и на другую еду. Приучайте мужа к салатам и молочнокислым продуктам. Отвлекайте его от пристрастия к мясу чем-нибудь более интересным. Например, семейной рыбалкой, после которой можно сварить свежую уху и запечь в фольге лично добытую рыбку. Конечно, непросто иногда переубедить мужчину, но ведь вы любите его, а значит, дорожите его здоровьем, вот и попробуйте отучить его от того, что приносит ему вред.

Вопрос. «У меня грибковое заболевание ногтей, но я совершенно не переношу аптечные препараты. Что бы Вы мне могли подсказать, чтобы устранить мою проблему?»

Ответ. Чаще всего этим заболеванием страдают люди с ослабленным иммунитетом и люди, чья профессия требует постоянного ношения закрытой, не гигроскопичной обуви (солдаты, шахтеры, спортсмены и т. д.). Влажность, которая создается при ношении подобной обуви, рай для рассады грибка. Люди, посещающие бассейн и сауны, тоже имеют определенный риск заражения стопы ног. Делая педикюр, нужно не стесняться и требовать дезинфекции инструментов, и, конечно же, необходимо самим регулярно соблюдать гигиену. При наличии грибка на стопах появляются мелкие трещины между пальцев ног. Кожа отделяется пластинами, ногти желтеют, крошатся и дурно пахнут. При грибке на ногах нужно стараться не заразить своих близких и родных. Не ходить по полу и коврам без носков (хлопчатобумажных) до тех пор, пока не исчезнет угроза заражения.

Следует в отдельном тазике делать ванночки из теплой воды с добавлением марганцовки. Прямо в воде нужно очень аккуратно снять с подошвы самые крупные чешуйки. После ванночки ноги нужно тщательно обсушить полотенцем и затем смазать их кремом, снимающим воспаление и содержащим антибиотики. Тем, кто, как и вы, не переносит аптечные препараты, обязательно поможет мазь, приготовленная из натертого чеснока и сливочного масла. Нанеся мазь на подошву и ногти, постарайтесь как можно дольше ее не вытирать, так, чтобы средство впиталось и подействовало наверняка.

МАСТЕР — МАСТЕРУ

О молитве, которую называют «Свиток Иерусалимский»

 Из письма Остапа Семеновича Лужнева, мастера из города Ишим:

«Уважаемая Наталья Ивановна, мне шестьдесят восемь лет, но я по-прежнему помогаю, чем могу, людям. От своей матери я слышал, что есть молитва, которую называют "Свиток Иерусалимский", она считается грамотой от Бога, которая сохраняет от многих болезней и бед. Надеюсь, что Вы ее знаете. Буду признателен, если Вы научите меня этой молитве».

Свиток Иерусалимский — это писание, которое переведено с древнего языка. И оно имеет огромную силу Божью, через Его глас и завет. Этот свиток обычно брали с собой в дальнюю дорогу, на войну и хранили его при себе как сохранную грамоту, данную от Самого Господа Бога. Пусть и у вас будет это молитвенное чудо, и пусть оно хранит вас и ваших детей от всех бед.

Было во святом граде, во Святой Божьей Церкви явление великое и предивное чудо: упал с неба камень мал и студен, веса в нем никто знать не может; упал во втором часу дня. Патриарх Иерусалимский, начальники, святейшество приказали к тому камню собрать попов, пропопов, дьяконов и весь причт церковный.

И сделали молебное пение на три дня и ночи, а на четвертый день развалился этот камень на две половины и нашли в нем сей свиток, сон Пресвятой Богородицы и сие глаголющее писание:

«Пишет вам Иисус Христос силу Божества Своего: Я есть Господь Бог ваш, Творец небу и земли. Пишу Я вам, люди Мои, первое и второе писание, а вы, люди Мои, сей заповеди не наблюдаете; небо и земля мимо идет, словеса же Мои не мимо идут вам, окаянным! Много лет минуло, дни ваши оканчиваются, Страшный суд готовится престола Господня поставляется и святые книги разгибаются, и все ваши тайные дела перед вами обличаются.

Я приду судить вас, живых и мертвых. Господь ваш, Иисус Христос, воздам каждому по делам их: праведным будет Царство Небесное, а грешникам — мука бесконечная. А вы, неразумные люди, поживите в любви и совести, делайте правду меж собой, любите друг друга, Воскресенье Христово и праздники

Господни чтите, посты поститесь, Моего наказа слушайте.

Я дам вам дождь на землю и теплоту солнечную во время постов ваших и дам вам плоды более прежних лет. Если вы, неразумные люди, своих дел не оставите, наказа Моего не послушаетесь, Воскресенье Христово и праздники Господни чтить, посты поститься и правду творить не будете, то буду вас корить, напущу на вас грады, и морозы великие, и потопы.

Пишу вам, люди Мои: еще кто в Воскресенье Христово и праздники Господни и впредь будет работать и увеличивать свое состояние, то призовет огонь вечный на свою голову и погибнет. Все шесть дней в неделю, Воскресенье Христово и праздники Господни дал Бог рабам и рабыням праздновать. В праздники принимайте Господних Моих сирот, вдовиц и трудящихся. А вы не бережете их и не милуете; зато и вы сами не помилованы будете Богом вашим, Царем Небесным; нищим и убогим милостыню не сотворяете; даже неверные, которые и Бога не знают, и те им милостыню дают и Богу молятся по своей вере. А вы, неразумные люди, вам дан закон Моего крещения и вера, а вы закону тому не верите, писания Моего не слушаете.

Я есть Господь Бог ваш, Творец небу и земли, долго терпелив и много милостив, не до конца на вас гневаюсь и жду вашего обращения и покаяния от злых дел ваших. Послал бы на вас, окаянных, погибель за неправду и непослушание ваше, но молится за вас также Мати Моя Пресвятая Богородица и ангелы ваши хранители, за что Я и умилосердился и жду вашего обращения и покаяния от злых дел ваших.

Сотворяйте, люди Мои, и любовь, и правду между собой, друг друга любите, Воскресенье Христово и праздники Господни чтите, в посты поститесь, читайте Божественное Писание, в церковь ходите, слушайте чтения и пение. В пятницу Бог сотворил божественного человека Адама и Меня на Кресте распяли, и ребра Мои копьем проткнули, и для того подобает всякому христианину в среду и пятницу поститься.

Еще пишу вам, люди Мои, Воскресенье Христово и праздники Господни почитать не станете, поста поститься и правду творить, то буду вас корить, напущу на вас многие неверные народы, и прольется кровь ваша и поругается крещение ваше. Еще напущу зверей лютых, змеев — шестиглавых, крылатых, тотчас сокрушат сердца ваши за неправду и непослушание ваше. Еще пишу вам, люди Мои, кто захочет от крепкой Моей руки утаиться или убежать от всевидящего Моего ока, то напущу на вас, окаянных, темноту, тогда вы, неразумные люди, задрожите как звери и предатели друг друга и станете плакать, рыдать и гробы у мертвых разрывать, искать отцов своих и матерей, братьев и сестер, всех умерших родственников от начала своего света и до конца сего дня: примите нас, грешных и окаянных! Уже мы от сих лютых зверей терпеть не можем. Примите нашу клятву на жизнь вечную, приготовленная вам мука бесконечная за умножение грехов ваших, за неправду и непослушание ваше.

Я пишу вам, люди Мои, последнее послание. А кто сему письму Моему не будет верить или говорить, что сей сон Пресвятой Богородицы ложен, то тот человек не достоин покаяния за грехи свои и умрет лютой смертью. И тот человек проклят будет отныне и до века, и Я говорю всем: как невозможно верблюду сквозь игольное ушко пролезть, так тому человеку в Царство Небесное войти. О, горе тому человеку богатому в день судный! Да еще и кто священника в чем-либо укорит и Церковь Божию устами осквернит. О, горе тому священнику, который детей духовных не научает страдать горько! О, горе судьям неправедным, которые неправедно судят: правого винят, а виноватого оправдывают! О, горе клятвенникам и блудникам, которые блуд творят: отроки с девицами, мужья с чужими женами и жены с чужими мужьями! О, горе скоморохам и плясунам, и кто их заставляет! О, горе пьяницам, да будут прокляты они с дьяволами навеки! Кто же грамоте умеет или не умеет, всякий православный христианин должен содержать себя в чистоте и читать и исполнять, что написано, со всем усердием, то тот человек вступит в Царство Небесное, и от Бога почет ему будет в будущей его жизни. Аминь».

Проповедание Божие

1. Если кто сей «Сон Пресвятой Богородицы» в дому своем содержать будет в чистоте и хранить со всем усердием, то тот дом сохранен будет от злых супостатов и от морского человека, и от нечистого рода, от пожара и наполнен будет хлебом, скотом и всяким изобилием плодов земных и временем мирным.

2. Когда раб Божий (имя) в путь пойдет и возьмет с собой сей «Сон Пресвятой Богородицы» — и оный раб в пути сохранен будет от притворных бесов, и от врагов денных и полуденных, ночных и полуночных, и от семидесяти притч денных и полуденных, ночных и полуночных, и от злого человека сохранен будет.

3. Когда раб Божий (имя) в лес пойдет и возьмет с собой сей «Сон Пресвятой Богородицы» — и оный раб избавлен будет от убиения деревьями и съедения зверями, укусов змей и от всякого нечистого рода сохранен будет.

4. Когда раб Божий (имя) на разговор пойдет и возьмет с собой сей «Сон Пресвятой Богородицы» — и оный раб в беседе почтен будет и от еретиков и еретиц сохранен будет.

5. Когда раб Божий (имя), плавая по рекам и морям, возьмет с собой сей «Сон Пресвятой Богородицы» — и оный раб на воде от потопления сохранен будет и получит себе тихую пристань.

6. Если рабу Божьему (имя) случится скорбеть или смерть постигнет и сей «Сон Пресвятой Богородицы» он прочитает или с верой послушает, то оный раб злою смертью не умрет и душу его не возьмут

бесы, возьмут ее ангелы Божии и понесут во светлицу далекую, избавлен будет он от мук вечных и огня неугасимого и червей съедающих и от тьмы кромешной спасен будет.

7. Если в доме раба Божьего беременная жена и будет она перед родами мучиться, и сей «Сон Пресвятой Богородицы» прочитает или с верой послушает, или просто его в головах положит, то родит ребенка легко и здоровы оба будут.

8. Запечатан сей «Сон Пресвятой Богородицы» восемью патриархами, восемью печатями в городе Иерусалиме, в церкви Всех Святых и положен на престол под замок. **Замок, то есть Крест Животворящий всегда. Крест хранитель на прогнание нас грешных.** Держит сей «Сон Пресвятой Богородицы» Сам Господь наш, Иисус Христос, молитвами ради Пречистой нашей Богородицы и Приснодевы Марии, Честного и Животворящего Креста хранителя Архангела Михаила и Архистратига Гавриила и славных апостолов, четырех евангелистов Христовых: Матвея, Марка, Луки, Иоанна, и славных апостолов Христовых: Гавриила, Димитрия, Федора, Никиты и славных святителей Христовых: Николая, скорого помощника и молитвенника, Дмитрия Солунского, чудотворца, и Победоносца Георгия; и славных святителей Христовых: Понтийского Ермолая, Кира, Иоанна; и славных святителей Христовых, иерархов вселенских: Василия Великого, Григория Богослова, Иоанна Златоуста и Алексея, Божьего Человека; и любимых отцов наших: Зосима и Савватия, Соловецких чудотворцев, и всех святых и всех мучеников Христовых. Помилуйте меня,

грешного и недостойного раба (имя), от всякого злого слова, огня и ночи и каждого дня. Я к вам приношу свою славу, честь и поклонение с Безначальным Твоим Отцом и Пресвятым и благим и животворящим Твоим духом ныне и присно и во веки веков. Аминь.

9. Когда идешь на войну, то призови на помощь Господа нашего Иисуса Христа, Николая, скорого помощника и молитвенника, Дмитрия, Солунского чудотворца, дабы тебя сохранили от ружья неприятелей.

10. Когда попадешь в неприятельские руки, то призови на помощь Михаила Архангела и всех небесных сил, дабы вынули тебя из рук неприятельских.

11. Когда гром гремит, то вспомни Илью Пророка, и избавлен будешь от громоубития.

12. Когда на суд пойдешь, ежели правый и возьмешь с собою сей «Сон Пресвятой Богородицы», то судом будешь объявлен праведным и от царя и от нужды помилован будешь.

13. Когда в путь пойдешь и возьмешь с собой сей «Сон Пресвятой Богородицы», то путь благополучным будет.

14. Когда начинаешь строить, тогда на помощь зови четырех Евангелистов Христовых: Матфея, Марка, Луку, Иоанна.

15. Когда начинаешь сеять какие-либо семена, тогда призывай на помощь Господа нашего Иисуса Христа, Владычицу Пресвятую Богородицу и Архангела Михаила и всех небесных сил.

16. Когда ложишься спать, то вспомни Архангела Михаила, он над спящими всеми стражу имеет.

17. Когда утром встаешь, тоже призывай на помощь Архангела Михаила и Архистратига Гавриила.
18. Перед обедом вспомни Господа нашего Иисуса Христа и Владычицу нашу Пресвятую Богородицу, Приснодеву Марию и всех небесных сил, с молитвою «Отче наш» и прочие. А также и после обеда с молитвою «Благодарю Тя Христе Боже наш» и прочие.
19. Когда станешь пить, вспомни ангела Рафаила, спутника Товитова.
20. Когда печален ходишь, тогда вспомни ангела Евдокима и ангела своего хранителя, то весь день весел и радостен будешь: Аминь.

Сон Пресвятой Богородицы

Матушка, Мать Мария,

Где Ты жила-поживала,

Где Ты темную ночь коротала?

— Жила-поживала в Иерусалиме,

У Христа на Престоле ночевала.

Снился мне сон

Чуден и страшен:

Будто бы Иисуса Христа

На Кресте растерзали,

Святую Иисусову кровь проливали.

— Матушка, Мать Мария,

Сон-то Твой справедлив

И людям отдан.

Кто эту молитву читать будет,

Тот ворами не тронут будет и не ограблен.

В воде тот добрый человек не утонет,

А в лес пойдет, зверь его не тронет.

На суд пойдет, суд его не осудит.

Везде тот человек под защитой Господа будет.

От болезней освободится,

Прежде времени с жизнью не простится.

А когда время конца жизни придет,

Ангел Божий его заберет

И к Господу Богу приведет.

Во имя Отца и Сына и Святого Духа.

Ныне, присно, во веки веков.

Аминь.

Как помочь женщине, у которой дочь загордилась и зазналась

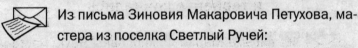 Из письма Зиновия Макаровича Петухова, мастера из поселка Светлый Ручей:

«Матушка Наталья, кланяюсь и прошу научить меня, как помочь одной женщине, у которой дочь певица, и она столь загордилась и зазналась, что люди от нее шарахаются».

Уважаемый Зиновий Макарович, дайте матери этой девушки вот эту молитву:

Господи, научи рабу Твою, в диавольскую гордость впадшую, кротости и смирению, и отжени от сердца ее мрак и бремя сатанинской гордыни.

Какие слова следует читать перед тем, как начинать лечить человека от бесовской болезни

 Из письма Марии Антоновны Крановой, мастера из Уфы:

«Дорогая и любимая матушка Наталья, снова Вас беспокою своею просьбой. Все перерыла, не могу найти в Ваших книгах, какие слова следует читать перед тем, как начинать лечить человека от бесовской болезни? Заранее сердечно Вас благодарю и желаю Вам многие лета!»

Мария Антоновна, говорите так:

**Господи, дай мне Духа Твоего Святого,
Да познаю я Тебя Духом Святым.
Аминь!**

Видит Бог, и силы мои, и терпенье кончились

 Из письма Марии Филипповны Яцук, мастера из Казани:

«Дорогая моя наставница, милая Наталья Ивановна, здравствуйте! Пишу Вам впервые, хотя знала про Вас не понаслышке еще с детства от своей мамы. Вот уже сорок лет, как я помогаю людям в их нуждах и бедах, и надумала я оставить свой труд, т. к. очень уж устала. Мне ли Вам говорить о том, как мало приходится спать и много трудиться. Но поддерживало меня всегда то, что я видела благодарные глаза выздоровевших людей, и слово, данное мною моей маме. Видит Бог, и силы мои, и терпенье кончились из-за одной горькой истории. Иногда мне кажется, что сам лукавый делает все так, чтобы я оставила без молитвенной помощи тех несчастных, которые едут ко мне за помощью и поддержкой. Пишу Вам как к старшему и как к благому наставнику и хочу я покаяться в том, что Вам наверняка не понравится и за что Вы меня, возможно, осудите. Но я тоже человек, и я не смогла поступить иначе. Мой поступок гложет меня, и я терзаюсь. Сама себя осуждаю за свою слабость, за то, что не смогла обуздать обиду. Дело в том, что год назад стали поступать ко мне письма с грязными словами и оскорблениями, без подписи и обратного адреса. Пишет мне один и тот же человек, ясно, что он явно невменяемый. Письмо состоит из набора матерных слов, проклятий, философий о Боге и бесах, а на конвертах всегда начерчены кресты и нарисованы гробы. Пишет этот человек под разными именами, но всегда один и тот же почерк и набор фраз, все с теми же изображениями крестов и гробов. Матушка моя Наталья, Вы ведь понимаете, что в том, что я сейчас скажу, нет ничего тайного, чего бы не смог узнать знаткой человек. Мне, конечно, далеко до Вашего прославленного рода и Вас, но кое-что я все-таки знаю и от Вас, и от своих предков. И, конечно же, когда я получила очередное мерзкое письмо, я предприняла меры и произвела вызов. Я увидела того, кто оскорбляет память моих предков, проклиная всех их и меня. Это действительно психически нездоровый человек, лежавший не раз в соответствующем месте. Сперва я для себя решила так: негоже обижаться на душевнобольного, он и так обижен. Но письма стали приходить каждый день, а то и по два письма в день, и в них сыпались проклятия и на меня, и на тех, кого уже давно нет, и на всех моих чад. И взыграла у меня обида и негодование. Я думала, столько мой род сделал доброго, столько я трудилась, дожив до седых волос, и этот мерзкий человек треплет мне нервы, испытывая мое терпение и веру. Распоясался так, что про Бога стал писать и про святых, то, что якобы я их всех купила. И тогда я подумала, доколе я буду терпеть такое, доколе я должна видеть подобные рисунки и читать такие мерзкие нецензурные оскорбления. Даже Господь милостивый не простил Иуду, а я всего лишь слабый по своей плоти человек. В общем, я отомстила ему. За то, что он изгилялся над именами святых, над светлой памятью моих предков, за то, что пишет такие гадкие и мерзкие слова в адрес моих детей и внуков. Я знаю, что он никогда не входил ко мне в дом и я не могла быть пред ним в чем-то виноватой. Обо мне он узнал от людей и узнал мой адрес. Не знаю, что и как в его больной голове повернулось против меня, но он пишет, что он борец-инквизитор и что как только узнал мой адрес, то решил извести меня, убить морально, на расстоянии! В итоге не справилась я со своей обидой и в наказание послала ему нужное "крепкое" слово. Вы ведь, матушка, знаете, имени обидчика для таких дел не надо, достаточно сказать в заклятии два слова: "мой враг". А врагов у меня, кроме этого человека, не было и нет. Видит Бог, прожила я по совести и чести. И с того дня перестали приходить от моего обидчика его поганые письма. Нашло, видно, мое слово того, о ком я думала, читая потайные слова. Больше года я терпела и больше года он трепал мои нервы, а тут нет от него уже два месяца посланий. И стала я переживать, что воспользовалась своим знанием во вред человеку, пусть даже и такому, каким оказался он. Одолевают меня мысли, что он был душевнобольной, а я не проявила милосердия, устала от его оскорблений и письменного шантажа (он еще грозил мне, что будет писать на меня жалобы куда только можно). Для того чтоб Вы поверили, я приведу его последнее письмо, но не буду из уважения к Вам писать маты. Вот его, матушка, письмо: "Ты, сука, ведьма, еще живая? Подмой свою ..., тебя скоро будет ... прокурор. Я не успокоюсь, пока тебя не угроблю. Драная ..., я тебя ... во все старые дыры. Ненавижу всех и тебя, анафема всем и тебе. Твои дедки, бабки ... им в пасть. Псам тебя скормлю. Скальп с живой сниму. Буду крестом тебя ... Сдохни, околей. Сдохните все. Всех ненавижу. Проклятье всем до двенадцатого колена. Будешь кровь полоскать после своих родных. Всех вас покромсаю на куски..." Матушка Наталья, дальше написаны такие фразы, что лучше их Вам не читать. Написала все это Вам на суд Ваш и на суд таких же, как я, мастеров. В народе говорят: "Взбесившихся псов убивают, чтоб они не покусали людей и не порвали их клыками". Конечно, это человек больной, и он не мог знать, что любой хороший мастер может, не зная имени и адреса, по-

карать за незаслуженную обиду. Вот я и сделала это. От-
ветьте мне, права я или нет?»

Дорогая Мария Филипповна, сразу хочу сказать, что я полностью на вашей стороне. Какой бы он ни был ненормальный, вряд ли он ест большой ложкой свое дерьмо, т. к. понимает, что этого делать нельзя. Вы не одиноки в том, что с вами произошло. Мне уже приходилось и читать, и выслушивать отвратительные истории о травле очень достойных, на мой взгляд, мастеров. В ход пускались и клевета, и оговоры, и анонимки, и, конечно же, угрозы. И всегда это заканчивалось тем, что этих людей за их пакости серьезно наказывали незаслуженно обиженные мастера. Конечно, в основном это делается душевнобольными людьми, которые в своих письмах ссылаются на голоса, которые им приказывают писать эти письма и анонимки. Мне очень жалко, если этот неприятный случай повлиял на ваше решение отойти от знахарских дел. Не поддавайтесь обиде, мир, как никогда, нуждается в молитвах тех, кто это делает искренне и от всей души. Все меньше остается «правильных» мастеров с крепкой, старинной школой на фоне безнравственных, непонятно откуда берущихся лжецелителей, рекламирующих себя повсюду, где только можно.

Моя бабушка когда-то мне говорила: «Подойдет время, и дьявол напустит полчище своих псов в людском обличии. И псы эти будут преследовать людей, имеющих дар Божий. Будут гнаться за ними и терзать их, дабы они перестали молиться, тем самым приближая страшное время!» Сейчас я уже понимаю, о чем она тогда говорила. Истинные молитвенники молятся не только за своих близких и за тех, кто к ним придет, они молятся за весь мир. Ибо сказано Господом: «Дни Страшного часа отодвинуть могут только молитвы избранных, т. е. истинно верующих людей, а дьяволу это не угодно. Пусть пишут слуги дьявола клевету и обидные письма, они за все ответят».

Я еще раз хочу попросить вас: служите людям, молитесь Богу за мир, а псы дьявола, его слуги, свое получат.

Дорогие мои мастера и уважаемые читатели, пользуясь случаем, хочу всем сердцем и душой поблагодарить вас за все ваши поздравления с праздниками и днем моего рождения, за ваши теплые слова, за ваши гостинцы и за то, что вы так искренни и добры, за то, что вы спешите на помощь людям, за то, что вы любите их. Живите же долго и в милости Божьей, а я всегда буду за вас молиться. Счастлива служить вам, ваша Наталья Ивановна Степанова.

НОЧНОЕ СУДЬБИННОЕ ГАДАНИЕ «КАССАНДРА», ИЛИ ОРАКУЛ КАССАНДРЫ

> Долго Троя в положении осадном
> Оставалась неприступною твердыней,
> Но троянцы не поверили Кассандре —
> Троя, может быть, стояла б и поныне.
>
> Без умолку безумная девица
> Кричала: «Ясно вижу Трою, павшей в прах!»
> Но ясновидцев — впрочем, как и очевидцев —
> Во все века сжигали люди на кострах.
>
> *Владимир Высоцкий. Песнь о вещей Кассандре*

Во всем мире насчитывается огромное количество гаданий. Самые простые из них и известные — это гадания на кофейной гуще, гадания по руке и картам. Довольно распространены и всевозможные святочные гадания. Пользуются популярностью такие гадания, как Таро, гадания по рунам и гадание по теням, падающим на стену дома, где недавно был покойник (жгут бумагу и толкуют по рисунку тени). Не только наши прабабушки, но и современные девушки не раз пробовали гадание по зеркалам в Рождественскую ночь, и по этому поводу ходит много выдуманных и не выдуманных историй. Существуют гадания по буквам имен и по числам даты рождения. В селах и деревнях до сих пор в ходу гадания по внутренностям только что убитого животного, яйцегадание, гадание по золе и саже, воскогадание и гадание на сорок один боб. Кормящая молодая мать по своему молоку гадает на судьбу ребенка, а древняя старуха высматривает по неглаженой пеленке, сколько ей осталось еще жить. Можно перечислять самые распространенные (или наоборот, малоизвестные) способы гаданий, но все они меркнут перед старинными гадательными книгами, которые еще называют Оракул. Эти потрясающие книги были составлены в разные времена людьми разных национальностей и разных религий. Но всех их объединяет одно и, наверное, самое главное — это были высоко духовные люди, без сомнения, знавшие в совершенстве оккультные науки, любившие астрологию и заслужившие еще при своей жизни доверие и уважение современников. Все эти замечательные люди жили в разное время, и называли их по-разному, в зависимости от общего развития и порядка: астрологи, звездочеты, кудесники, жрецы, сивиллы, веды, ведуны, ведьмы, колдуны и колдуньи, знахари, вещуны, пророки, волхвы, ясновидящие, экстрасенсы и т. д.

Но как бы хлеб ни называли, он все равно остается хлебом. Многие имена этих необыкновенных людей сохранились благодаря легендам, книгам, которые они успели написать для потомков. Свое виденье будущего они облекали в свои труды, искренне надеясь, что это поможет следующим поколениям избежать всяческих бед. Много было написано и гадательных книг. Эти Оракулы бесценны уже только тем, что даты их появления на свет запредельно далеки от нашего с вами рождения. К моему счастью, благодаря наследию моих предков, я имела возможность изучать эти труды. Например, мало кто знает, что известный в свое время колдун Иван Могила написал для своей дочери (а значит, и для своих потомков) Книгу Правды, которая состоит из шестисот шестидесяти шести слов и которую, как мне рассказала моя бабушка, нельзя открывать более шестидесяти шести раз за всю жизнь. Открывший эту книгу в шестьдесят седьмой раз мгновенно умрет! В своих предыдущих книгах я уже писала о **сивиллах**. Для тех, у кого по какой-то причине пока еще нет моих книг, я поясню. Сивиллы-предсказательницы — это женщины, имеющие дар прорицания по воле богов (в наше время их назвали бы ясновидящими). Так вот, многие гадательные Оракулы были созданы именно сивиллами. Все сивиллы были рождены от малоизвестных людей, в разные эпохи и времена. Об их родителях нам ничего неизвестно, кроме разве одной, это **сивилла Сунда**, ведь именно она была невесткой библейского Ноя, жившая за 1250 лет до н. э.! За свою жизнь Сунда написала двадцать четыре Оракула, в которых она не только предсказывала миру будущее, но и пыталась подсказать, как можно, заглянув в будущее, избежать грядущей беды. Ее Оракул хранится в Ватикане. Современники **сивиллы Сунды** прозвали ее Сунда Халдейская, т. к. она родилась в Халдее.

Не могу не рассказать еще об одной из сивилл, т. к. я всячески восхищаюсь этой необыкновенной, просто неземной женщиной, чей дар истинно от богов. Это сивилла Дейфоба, или, как ее еще называли современники, **Дейфоба Кумская**. Дейфоба жила при правлении римского царя Тарквиния Гордого и прославилась своей необычайной мудростью и прозорливостью. Слава о ее даре ясновидения распространилась далеко за пределы царства, в котором она жила, и поэтому к ней шли и ехали отовсюду. Всем, кому посчастливилось с ней поговорить, позже утверждали, что все, о чем она предупреждала, сбылось. **Сивилла Дейфоба** так же, как и другие сивиллы, жившие в разные времена, написала свои Оракулы. Существует зарегистрированное летописное предание о том, как царь Тарквиний пожелал купить у нее все написанные ею девять Оракулов, но Дейфоба запросила за них столь значительную цену, что уязвленный этой ценой царь отказался от желанной покупки. Тогда Дейфоба произнесла: «Я желала лишь помочь заработанными деньгами бедным людям», — и с этими словами бросила три своих Оракула в огонь. Когда сивилла метнула в жерло огня еще три Оракула, царь, поразившись увиденным, остановил ее и отдал ей за последние три книги те деньги, которые она запросила за все девять Оракулов! Наверное, кто-то из вас сейчас подумал: «Разве царь не мог забрать у своей подданной ее книги вовсе бесплатно?» Не мог. Во-первых, в те времена прорицательниц сивилл считали посланниками от Бога. Во-вторых, нельзя, не жертвуя ничем, обрести благодать. К примеру, даже в современном мире нельзя поставить в храме свечу, не принеся за нее жертвенную плату деньгами, которые вы должны сперва заработать своим трудом. Заработав деньги и купив свечку для Бога, вы таким образом отдаете Ему дань любви своей, покорности и уважения. Чего будет стоить свеча, которую вы бы отобрали или украли? Кстати сказать, сейчас вошло в привычку не покупать книги с молитвами, а скачивать их в Интернете, так вот, я думаю, что это большой вопрос, поможет такая книга или нет. В общем, царь Тарквиний это понимал и купил у Сивиллы ее три книги, а не отнял на правах сильного. Долгое время оригиналы этих книг хранились в храме Юпитера Капитолийского, причем в специальных сундуках из чистого золота. Летопись сообщает, что Оракулы сивиллы Дейфобы годились на все времена. К ее Оракулам обращались в самых сложных случаях для получения правдивого совета, как следует правильно поступать в той или иной ситуации. К сожалению, в конце 400 года н. э. во время междоусобных войн в Капитолии произошел пожар, тогда из храма спешно выносили все самое ценное, и именно в тот момент были похищены Оракулы сивиллы Дейфобы. Позже царь велел узнать судьбу бесценной пропажи, но следов книг так и не нашли. Тем не менее, книги, видимо, были кем-то переписаны (и, возможно, не раз), поскольку до сих пор имеются люди, знающие сей Оракул.

Я, конечно же, могла бы здесь рассказывать о многих легендарных сивиллах-провидицах, но сегодня мы говорим не о них, а об одной из них, о **сивилле Кассандре**, т. к. именно к ее праведному духу вы будете взывать перед каждым обращением к публикуемому Оракулу. И дух Кассандры будет невидимым опекуном-советчиком вашей книги!

Согласно древней легенде, Кассандра еще в детском возрасте вместе со своим братом-близнецом зашла в храм во время сильного дождя. Брат ее уснул, а она в это время отдала причитающееся им на обед молоко храмовой змее, решив, что та голодна. Не желая прерывать сон брата, Кассандра прилегла с ним рядом и уснула. Храмовая змея вылизала уши девочки и ее глаза, и, когда она проснулась, в ней проснулся и ее дар. Об этой сивилле известно много разных легенд, но, как бы там ни было, я думаю, что везде и во всем имеется Божий промысел. И все дивное и чудное не от змеи, пусть даже и храмовой, а от Господа Бога. Прославилась же Кассандра тем, что она видела будущее. Первое время ее семья считала, что их девочка попросту безумна, и даже некоторое время держала ее взаперти. Однако со временем стало ясно, что все, о чем она им говорила, всегда сбывалось. Позже Кассандра предрекла, что Елена, приехавшая в их город, станет виновницей гибели Трои. Она рассказывала людям о том, какое событие за каким последует, кто за кем будет погибать. Советовала, что нужно сделать, чтобы избежать гибели Трои. Умоляла уничтожить деревянного коня, в котором были спрятаны воины, но никто Кассандру не послушал — и в итоге Троя пала! Квинт Смирнский повествует в своих летописных воспоминаниях о том, как пленные троянки горько рыдали, глядя на пророчицу Кассандру и вспоминая вслух ее пророчества, которым они не поверили. Еще летопись сохранила сведения о том, как выглядела сивилла Кассандра. Это была необыкновенно красивая женщина с правильными чертами лица, с красивыми черными глазами, очень густыми кудрями, белой кожей и румянцем на щеках. Она умела внимательно слушать людей, была чрезвычайно добра и милосердна. Ее доброта была такой искренней и щедрой, что даже враги не смели нанести ей вреда. Именно поэтому спириты во время спиритических сеансов любят вызывать ее дух. Кассандра неспособна причинить зло, ее дух наполнен искренней любовью и жалостью к людям. Дух сивиллы Кассандры всегда ответит на ваш вопрос и подскажет, как следует правильно поступить.

Что следует знать, приступая к гаданию

- Нельзя задавать один и тот же вопрос несколько раз.
- Задавать вопрос оракулу нужно только в одиночестве.
- Гадание по этому Оракулу возможно только ночью.
- Во время гадания нельзя произносить бранных слов, чтобы не оскорбить дух Кассандры.
- Тому, кто в Оракул не верит, не следует гадать, т. к. Оракул все равно не скажет вам правды.

Как пользоваться гаданием

Если у вас есть свой определенный вопрос, найдите его на страницах Оракула и мысленно обратитесь к духу Оракула — к сивилле Кассандре:

«О, чистейший и добрейший дух Кассандры, направь мою руку на справедливый и честный ответ. Ибо кто, как не ты, мне откроет правду!»

После произнесения этих слов возьмите спицу или большую иглу и, не глядя, ткните ею в магический квадрат гадания. Откройте глаза и посмотрите, какое число находится под вашей спицей или иглой. Найдите ответ на свой вопрос под этим номером. И не сомневайтесь, ответ будет правдив!

Ночное судьбинное гадание «Кассандра», или Оракул Кассандры*

Ждать ли мне войны?

1	2	3	4	5	6
7	8	9	10	11	12
13	14	15	16	17	18
19	20	21	22	23	24
25	26	27	28	29	30

Ответы

1. Тебе не воевать, а значит, и войны тебе не видать.
2. Будет тебе война со своими родными.
3. Тужи-не тужи, а как призовут, служи.

---

* Помните:
  • Нельзя задавать один и тот же вопрос несколько раз.
  • Задавать вопрос Оракулу нужно только в одиночестве.
  • Гадание по этому Оракулу возможно только ночью.
  • Во время гадания нельзя произносить бранных слов, чтобы не оскорбить дух Кассандры.
  • Тому, кто в Оракул не верит, не следует гадать, т. к. Оракул все равно не скажет вам правды.

4. Главный твой враг — это твой характер.

5. Можешь спрятать меч да спокойно спать лечь.

6. Она и так идет — земля большая.

7. Кто о войне помышляет, тот, не ведая, ее призывает.

8. Спи себе, не бойся, ни о чем не беспокойся.

9. Рано или поздно придет, но тебя уже не найдет.

10. Тебе генералом не быть и в строю не ходить.

11. Молись Богу, и войны не будет.

12. В каждом доме своя война, но тут уже не твоя вина.

13. Тебе повезет — при тебе война не придет.

14. Будешь воевать с мухами и комарами.

15. Живи себе знай, о горе и о войне не вспоминай.

16. Будет, но не сейчас, а та, что есть сейчас, та не про нас.

17. Как же без нее, рано или поздно придет.

18. Тебе разве больше не о чем думать?

19. Смотри, не накликай ее сама.

20. Нет, не будет.

21. Тебе не о чем беспокоиться.

22. Господь милостив.

23. Знаешь, где Китай? — вот и не забывай.

24. Кто войну развяжет, тот в матерь-землю поляжет.

25. На твой век всего хватит.

26. Все будет хорошо.

27. Если сами своих врагов не вскормим.

28. Не спрашивай об этом, ее не будет ни зимой, ни весной, ни летом.

29. Она никогда не прекращалась.

30. Богородица не допустит.

Ночное судьбинное гадание «Кассандра», или Оракул Кассандры*

Быть ли мне замужем или нет?

1	2	3	4	5	6
7	8	9	10	11	12
13	14	15	16	17	18
19	20	21	22	23	24
25	26	27	28	29	30

Ответы

1. Выйдешь три раза.
2. Выйдешь тогда, когда уже потеряешь надежду.
3. Будет тебе венец, но только он будет вдовец.

---

* Помните:
  • Нельзя задавать один и тот же вопрос несколько раз.
  • Задавать вопрос Оракулу нужно только в одиночестве.
  • Гадание по этому Оракулу возможно только ночью.
  • Во время гадания нельзя произносить бранных слов, чтобы не оскорбить дух Кассандры.
  • Тому, кто в Оракул не верит, не следует гадать, т. к. Оракул все равно не скажет вам правды.

4. Суждено тебе совсем иное.
5. Выйти-то выйдешь, но сильно пожалеешь!
6. Выйдешь за разведенного, умом обделенного.
7. Сперва муж будет любить, а потом будет беспощадно бить.
8. Легко будешь сходиться, да нелегко расходиться.
9. Выйдешь, но будешь каяться.
10. Замуж выйдешь, но ненадолго.
11. Когда рак на горе свиснет.
12. Выйдешь за того, кто от страсти голову потеряет.
13. Ваш супруг еще ходит в школу.
14. Выйдешь замуж, и муж будет любить, но счастье будет недолгим.
15. Будь менее разборчива, не то никогда замуж не выйдешь.
16. Еще подожди и тогда выйдешь.
17. Больше следует в обществе смеяться и улыбаться, а не то можешь в старых девах остаться.
18. Хорошего супруга ты узнаешь только в старости.
19. Твой супруг тебя как липку обдерет, а затем от тебя со всех ног удерет.
20. Судьба твоя уже недалеко, но распознать ее пока что нелегко.
21. Будешь главою в семье.
22. За богатого пойдешь и наконец-то свое счастье найдешь.
23. Выйдешь без всякого венца за многодетного вдовца.
24. За бедного придется идти, знай — другого мужа тебе не найти.
25. Да, выйдешь, но о том потом пожалеешь.
26. Еще как выйдешь!
27. Будет тебе муж. Трезвый тих, а пьяный лих!
28. Старайся, наряжайся и тогда выйдешь замуж.
29. Засватают, и замуж пойдешь.
30. Этому не бывать, сколько не выходи, все равно одной вековать.

Ночное судьбинное гадание «Кассандра», или Оракул Кассандры*

Женюсь я или нет?

1	2	3	4	5	6
7	8	9	10	11	12
13	14	15	16	17	18
19	20	21	22	23	24
25	26	27	28	29	30

Ответы

1. Тебе и в холостяках неплохо!
2. Какой раз?
3. Непременно!

---

* Помните:
- Нельзя задавать один и тот же вопрос несколько раз.
- Задавать вопрос Оракулу нужно только в одиночестве.
- Гадание по этому Оракулу возможно только ночью.
- Во время гадания нельзя произносить бранных слов, чтобы не оскорбить дух Кассандры.
- Тому, кто в Оракул не верит, не следует гадать, т. к. Оракул все равно не скажет вам правды.

4. Пять раз!

5. Если родители ее за тебя отдадут.

6. Твоей родне никакая невеста не мила.

7. После Нового года.

8. Очень скоро.

9. С этим придется подождать.

10. А куда ты теперь денешься!

11. С такого крючка тебе уже не сорваться.

12. Женишься, но ее ты не стоишь.

13. Не будь больно разборчив и тогда женишься!

14. На разведенной особе.

15. Ты и так без пяти минут муж.

16. Пока будешь гадать да рядить, твоя невеста пойдет за другого.

17. Для тебя уже сети плетутся.

18. Так приворожит, что бегом побежишь под венец.

19. Жена будет славная, а теща хуже змеи!

20. Готовь сватов и обручальные кольца.

21. Возьмешь за себя самую лучшую.

22. Будут у тебя и жена, и дети, и внуки.

23. По судьбе у тебя одна жена, так что береги ее пуще глаза!

24. Скоро женишься!

25. Твоя жена еще в ясли ходит.

26. Та, о которой думаешь, будет твоя жена.

27. Если сейчас не женишься, то уже не женишься никогда.

28. Хороший парень завсегда завидный жених.

29. Женишься благополучно, но не так скоро.

30. Как бросишь с друзьями водиться, так и подойдет время жениться.

Ночное судьбинное гадание «Кассандра», или Оракул Кассандры*

Долго ли я проживу?

1	2	3	4	5	6
7	8	9	10	11	12
13	14	15	16	17	18
19	20	21	22	23	24
25	26	27	28	29	30

Ответы

1. На все Божья воля.
2. Восемьдесят лет.
3. Береги здоровье, и поживешь.

---

* Помните:
- Нельзя задавать один и тот же вопрос несколько раз.
- Задавать вопрос Оракулу нужно только в одиночестве.
- Гадание по этому Оракулу возможно только ночью.
- Во время гадания нельзя произносить бранных слов, чтобы не оскорбить дух Кассандры.
- Тому, кто в Оракул не верит, не следует гадать, т. к. Оракул все равно не скажет вам правды.

4. Очень долго.

5. Столько, что даже надоест.

6. Не так уж и много.

7. Если будешь осторожным человеком, то жить будешь долго.

8. Не обольщайся.

9. Тебе не о чем беспокоиться.

10. Еще тридцать лет и десять месяцев.

11. Будешь болеть, как головешка тлеть, но доживешь до глубокой старости.

12. Другие живут гораздо меньше.

13. Не сомневайся, жить будешь долго.

14. Бог тебе в этом поможет.

15. Счастья большого не будет, а вот жизнь будет длинной.

16. Остерегайся воды, вот и не будет беды.

17. Лет двадцать пять еще точно проживешь.

18. Будешь доволен.

19. Жизнь твоя будет очень долгой.

20. Столько будешь жить, что даже устанешь.

21. На миру и смерть будет красна.

22. Умрешь, но не скоро.

23. Не горюй, ведь душа твоя бессмертна.

24. Умрешь в возрасте своего деда.

25. Гораздо раньше, чем думаешь.

26. Проси у Бога себе долголетия.

27. Умрешь в старости в окружении близких людей.

28. Что об этом думать, когда будет, тогда и будет.

29. Доживешь до седин, если здоровье не подведет.

30. Тогда, когда уже без палки не сможешь ходить по земле.

Ночное судьбинное гадание «Кассандра», или Оракул Кассандры*

Влюблюсь ли я в кого-нибудь?

1	2	3	4	5	6
7	8	9	10	11	12
13	14	15	16	17	18
19	20	21	22	23	24
25	26	27	28	29	30

Ответы

1. Без этого еще никто не прожил.
2. В следующем году влюбишься на свою беду.
3. Вы не влюбитесь, а вот вас полюбят.

---

* Помните:
  • Нельзя задавать один и тот же вопрос несколько раз.
  • Задавать вопрос Оракулу нужно только в одиночестве.
  • Гадание по этому Оракулу возможно только ночью.
  • Во время гадания нельзя произносить бранных слов, чтобы не оскорбить дух Кассандры.
  • Тому, кто в Оракул не верит, не следует гадать, т. к. Оракул все равно не скажет вам правды.

4. Таким, как вы, трудно голову вскружить.
5. Высохнешь от любви.
6. Будешь умирать от страсти.
7. Влюбишься по самые уши.
8. Никогда.
9. Очень скоро в нового ухажера.
10. Полюбишь женатого.
11. Для вас уже расставляют сети.
12. С первого взгляда на дружеской вечеринке.
13. Твое сердце не для любви.
14. Будешь думать, что полюбила.
15. Полюбите недостойного.
16. За всю вашу жизнь будете любить девять раз.
17. Приворожат так, что полюбишь.
18. Вы уже томитесь от любви.
19. Только полюбишь и тут же потеряешь.
20. Полюбишь, а что толку?
21. Влюбишься, как кошка.
22. Это не про вас.
23. Познаешь и любовь, и ласку.
24. Зачем тебе то, от чего ты всегда бежала?
25. Сомнительно.
26. Не с твоим характером.
27. Это уже было и еще будет много раз.
28. Придет час, и любовь настигнет вас.
29. Да, но не очень сильно.
30. Влюбишься на свою печаль.

Ночное судьбинное гадание «Кассандра», или Оракул Кассандры*

Исполнятся ли мои мечты?

1	2	3	4	5	6
7	8	9	10	11	12
13	14	15	16	17	18
19	20	21	22	23	24
25	26	27	28	29	30

Ответы

1. И не сомневайся.
2. Не все.
3. Нет, в этом тебе не повезет.

---

* Помните:
  - Нельзя задавать один и тот же вопрос несколько раз.
  - Задавать вопрос Оракулу нужно только в одиночестве.
  - Гадание по этому Оракулу возможно только ночью.
  - Во время гадания нельзя произносить бранных слов, чтобы не оскорбить дух Кассандры.
  - Тому, кто в Оракул не верит, не следует гадать, т. к. Оракул все равно не скажет вам правды.

4. Как Господь даст.

5. Получишь гораздо больше, чем желаешь.

6. Пустые твои думки.

7. Слишком много хочешь.

8. Не надейся.

9. Исполнятся, но не скоро.

10. Не раньше, чем через год.

11. Ты желаешь невозможного.

12. Да, обязательно исполнится.

13. Действуй смелей и все получишь.

14. Для этого придется повоевать.

15. Под лежачий камень вода не течет.

16. Со временем обязательно.

17. И ты еще сомневаешься?

18. Враги твои этому помешают.

19. Злой рок твои мечты победит и тебе в твоем деле навредит.

20. Молись Богу, и Он поможет.

21. Все, чего ты желаешь, никто тебе не даст.

22. В этот раз тебе повезет.

23. Сглазили твою удачу.

24. Исполнится, но ты об этом никому не говори.

25. Будь хитрее, и все будет так, как ты желаешь.

26. Сбудется, если не умрешь.

27. Без всякого сомнения.

28. Когда уже почти достигнешь своей мечты, поймешь, что зря хотела этого ты…

29. Через полгода.

30. Довольствуйся тем, что имеешь.

Ночное судьбинное гадание «Кассандра», или Оракул Кассандры*

Какова будет моя старость?

1	2	3	4	5	6
7	8	9	10	11	12
13	14	15	16	17	18
19	20	21	22	23	24
25	26	27	28	29	30

Ответы

1. Ее не будет.
2. В уважении и любви будешь жить.
3. Жить будешь в одиночестве.

---

* Помните:
- Нельзя задавать один и тот же вопрос несколько раз.
- Задавать вопрос Оракулу нужно только в одиночестве.
- Гадание по этому Оракулу возможно только ночью.
- Во время гадания нельзя произносить бранных слов, чтобы не оскорбить дух Кассандры.
- Тому, кто в Оракул не верит, не следует гадать, т. к. Оракул все равно не скажет вам правды.

4. Среди чужих людей.

5. В старости много горя увидишь.

6. Счастье твое в твоих детях и внуках будет.

7. Долго будешь жить, и здоровье будет.

8. Старость — не радость.

9. Будешь себе полеживать на перине.

10. Обманывать тебя будут все кому не лень.

11. Торопить твою смерть будут из-за наследства.

12. Ничего, поживешь долго.

13. Старость будет не хуже, чем у других.

14. Только в старости и поживешь.

15. Будешь сухарики грызть.

16. Как у Христа за пазухой!

17. Слава Богу, хорошо будешь жить.

18. В одиночестве не будешь.

19. Побираться не придется.

20. Не расстраивайся, все будет ладно.

21. До старости еще дожить нужно.

22. Копи на старость, не то умрешь в нищете.

23. Доживешь до глубокой старости.

24. Уйдешь в монастырь.

25. Кто жизнь прожил праведно, тому нечего старости бояться!

26. Проживешь долго и умрешь легко.

27. Не страшись старости, а радуйся, если до нее доживешь.

28. Под такой планетой долго живут.

29. Доживешь до возраста своей бабки.

30. Будешь жить так долго, что станешь себе смерти желать.

Ночное судьбинное гадание «Кассандра», или Оракул Кассандры*

Чем увлечен тот человек, о котором я думаю?

1	2	3	4	5	6
7	8	9	10	11	12
13	14	15	16	17	18
19	20	21	22	23	24
25	26	27	28	29	30

Ответы

1. Не вами, это уж точно.
2. Мыслями о вас.
3. Личными заботами.

---

* Помните:
- Нельзя задавать один и тот же вопрос несколько раз.
- Задавать вопрос Оракулу нужно только в одиночестве.
- Гадание по этому Оракулу возможно только ночью.
- Во время гадания нельзя произносить бранных слов, чтобы не оскорбить дух Кассандры.
- Тому, кто в Оракул не верит, не следует гадать, т. к. Оракул все равно не скажет вам правды.

4. Думает о другой особе.
5. Планирует отъезд.
6. Ищет необходимые ему деньги.
7. Все мысли о своей работе.
8. Собирается в казенный дом.
9. У этого человека временные неприятности.
10. Бьет баклуши.
11. Ревность не дает этой особе покоя.
12. Изменяет вам, с кем только может.
13. Все мечты только о вас.
14. Этому человеку не до вас, он болен.
15. Вы об этой персоне печалитесь, а про вас не больно много думают.
16. Вы это очень скоро узнаете.
17. Кому же знать это, как не вам.
18. Спит себе, сладко ест и пьет и ни о чем думать не желает.
19. Думает о своей выгоде.
20. Готовится к важной встрече.
21. Мечтает вернуть ушедшую любовь.
22. Хочет покончить с очередной проблемой.
23. Своим новым увлечением.
24. Ни о чем не думает и ничем не увлечен, эта особа занята лишь собою!
25. Копит денежки, чтобы осуществить свою мечту.
26. Его увлечению не позавидуешь.
27. Увлечение — это вы!
28. Своей новой идеей.
29. Совершенно глупым проектом.
30. Извечным вопросом: «Где взять деньги?»

Ночное судьбинное гадание «Кассандра», или Оракул Кассандры*

Каково будет мое житье с мужем?

1	2	3	4	5	6
7	8	9	10	11	12
13	14	15	16	17	18
19	20	21	22	23	24
25	26	27	28	29	30

Ответы

1. Жить будешь с другим, а с этим только мучиться.
2. Как за каменной стеной.
3. Как на войне.

---

* Помните:
  - Нельзя задавать один и тот же вопрос несколько раз.
  - Задавать вопрос Оракулу нужно только в одиночестве.
  - Гадание по этому Оракулу возможно только ночью.
  - Во время гадания нельзя произносить бранных слов, чтобы не оскорбить дух Кассандры.
  - Тому, кто в Оракул не верит, не следует гадать, т. к. Оракул все равно не скажет вам правды.

4. Не хуже и не лучше других.
5. Как возле теплой печки.
6. То плакать будешь, то смеяться, но все равно с глупцом не сможешь ты расстаться.
7. Как в страшной сказке, чем дальше, тем страшней.
8. Как голубь с голубицей.
9. Проживешь как-нибудь.
10. Всем на потеху.
11. Ни так, ни сяк.
12. Сперва хорошо, а потом плохо.
13. Счастью вашему помешает его родня.
14. Доживете вместе до старости в любви и согласии.
15. Будете часто ссориться по пустякам.
16. Всем на зависть!
17. Лучше, чем ваши друзья и подруги.
18. Так, как вы этого заслуживаете.
19. Глядя в окно, поджидая мужа.
20. Проживете славно.
21. С каким?
22. Он недолго будет вам мужем.
23. Как в аду.
24. В скуке и в муке.
25. Скучать не придется.
26. Быть тебе вдовой.
27. Все ему прощать будешь.
28. Страдать будешь из-за его ревности.
29. В большой любви и уважении.
30. Как в раю.

Ночное судьбинное гадание «Кассандра», или Оракул Кассандры*

Изменяет ли мне мой муж?

1	2	3	4	5	6
7	8	9	10	11	12
13	14	15	16	17	18
19	20	21	22	23	24
25	26	27	28	29	30

Ответы

1. Нет, он никого не видит, кроме вас.
2. Пока еще нет.
3. Хотел бы, да совесть не дает.

---

* Помните:
  • Нельзя задавать один и тот же вопрос несколько раз.
  • Задавать вопрос Оракулу нужно только в одиночестве.
  • Гадание по этому Оракулу возможно только ночью.
  • Во время гадания нельзя произносить бранных слов, чтобы не оскорбить дух Кассандры.
  • Тому, кто в Оракул не верит, не следует гадать, т. к. Оракул все равно не скажет вам правды.

4. От тебя одной это зависит.

5. Как можно такой женщине изменить!

6. Только в мечтах.

7. Он верен и сердцем, и душой.

8. Только тогда, когда сильно пьян.

9. Ему не нужно никого, кроме вас.

10. Не изводи ревностью ни себя, ни мужа — он ни в чем не виновен.

11. Чаще его ласкай, от себя никуда не отпускай — вот и не будет измены!

12. Не оставляй его одного надолго — он и не изменит.

13. Не тебе об этом переживать.

14. Ты сама его на измену толкаешь!

15. Если не будешь давать ему повода, то он тебе не изменит!

16. Если бы ты была моложе, то он был бы тебе верен!

17. Гадай-не гадай — свинья грязь найдет.

18. Ты его не подкараулишь!

19. Прошла твоя власть, скоро погуляет муж всласть.

20. Ты сама не приваживай соперниц!

21. Он бы от тебя не гулял, да ты больно резка!

22. Ищи улики.

23. Дамы сами к нему липнут, как тут устоять?

24. Изменит один раз.

25. Если гнать не будешь, то не изменит.

26. Есть особа, которая его добивается.

27. Не слушай никого, он тебе верен.

28. Не скандаль, и будет верен.

29. Изменит и сам потом будет каяться.

30. От хорошей жены муж гулять не станет.

Ночное судьбинное гадание «Кассандра», или Оракул Кассандры*

Изменяет ли мне моя жена?

1	2	3	4	5	6
7	8	9	10	11	12
13	14	15	16	17	18
19	20	21	22	23	24
25	26	27	28	29	30

Ответы

1. Со всеми подряд.
2. Она не ты, у нее есть и честь, и совесть.
3. Даже в мыслях не изменяет.

---

* Помните:
- Нельзя задавать один и тот же вопрос несколько раз.
- Задавать вопрос Оракулу нужно только в одиночестве.
- Гадание по этому Оракулу возможно только ночью.
- Во время гадания нельзя произносить бранных слов, чтобы не оскорбить дух Кассандры.
- Тому, кто в Оракул не верит, не следует гадать, т. к. Оракул все равно не скажет вам правды.

4. Рада бы, да боится тебя.

5. Где она еще такого дурня найдет.

6. Зачем ей это, ей и тебя хватает.

7. Когда ей глупостями заниматься.

8. Если бы не ее подруги, у тебя не было бы этих мыслей.

9. Она добродетельна, как ангел, и тебе верна.

10. Проследи и узнаешь!

11. Глупости выбрось из головы!

12. Да кому она нужна?

13. Нет, не изменяла и не изменит!

14. А ты сам как думаешь?

15. Она дорожит своей семьей.

16. Болтлива, да, но тебе не изменяла никогда!

17. От такой жизни можно на все решиться.

18. Зачем ей рисковать тем, что она имеет с тобой?

19. Не оставляй ее, и не изменит!

20. Твоя жена нравится многим, смотри, чтобы ее не увели.

21. Она с тобой проживет до старости и не изменит ни разу.

22. Как она тебя любит, так тебя никто не будет любить. Так зачем же ей тебе изменять?

23. Не хорошо тебе так о порядочной женщине думать.

24. Узнаешь со временем.

25. Будешь женку обижать — рожки вырастут.

26. Твоя жена не развратница!

27. Измены не было и не будет.

28. Сам хорош, вот и жене не веришь!

29. Ты ее недостоин, но она тебе до гроба верна.

30. Когда любят, как она, то не изменяют!

Ночное судьбинное гадание «Кассандра», или Оракул Кассандры*

Каково будет мое житье с женой?

1	2	3	4	5	6
7	8	9	10	11	12
13	14	15	16	17	18
19	20	21	22	23	24
25	26	27	28	29	30

Ответы

1. Лучше не бывает.
2. То хорошо, то плохо.
3. Сие от тебя больше зависит, чем от нее.

---

*   Помните:
 • Нельзя задавать один и тот же вопрос несколько раз.
 • Задавать вопрос Оракулу нужно только в одиночестве.
 • Гадание по этому Оракулу возможно только ночью.
 • Во время гадания нельзя произносить бранных слов, чтобы не оскорбить дух Кассандры.
 • Тому, кто в Оракул не верит, не следует гадать, т. к. Оракул все равно не скажет вам правды.

4. В хлопотах и трудах.

5. Сытно и богато.

6. Довольно сносно.

7. С ссорами и примирениями.

8. Все вокруг от зависти лопнут.

9. Неплохо, пока твоя мать в вашу семейную жизнь не полезет.

10. Будете жить хорошо.

11. Овдовеешь рано.

12. У тебя будет еще другая жена.

13. Счастливое и спокойное.

14. Долго она не станет твой характер терпеть.

15. Многое от тебя зависит.

16. Сперва богато, а потом в нищете.

17. Она скоро сбежит.

18. С такой женой не жизнь, а рай.

19. Почаще ей подарки дари да о своей любви говори, вот и счастлив будешь!

20. Надо было брать жену по себе, тогда бы этот вопрос не вставал.

21. Ты сам все потом испортишь.

22. С такой мудрой женой в семье всегда мир и покой.

23. Исправь свой характер, не в жене дело.

24. Ты поведением своим можешь сгубить свой брак.

25. Нашла коса на камень — это о тебе и твоей жене.

26. Вашему счастью болезнь помешает.

27. Не беспокойся, все у вас с женой будет хорошо.

28. Со временем будешь ее сильно ревновать без всякого на то основания.

29. Кто счастлив деньгами, а ты будешь счастлив женой!

30. Долгое и счастливое!

Ночное судьбинное гадание «Кассандра», или Оракул Кассандры*

Получу ли я то, что хочу?

1	2	3	4	5	6
7	8	9	10	11	12
13	14	15	16	17	18
19	20	21	22	23	24
25	26	27	28	29	30

Ответы

1. Не сейчас.
2. После дождичка в четверг.
3. Очень скоро.

---

* Помните:
• Нельзя задавать один и тот же вопрос несколько раз.
• Задавать вопрос Оракулу нужно только в одиночестве.
• Гадание по этому Оракулу возможно только ночью.
• Во время гадания нельзя произносить бранных слов, чтобы не оскорбить дух Кассандры.
• Тому, кто в Оракул не верит, не следует гадать, т. к. Оракул все равно не скажет вам правды.

4. Посулят, но не дадут.
5. Как будешь стараться.
6. Непременно получишь.
7. Рот не открывай на чужой каравай.
8. Получишь, но не сразу.
9. Тебе в этом враги помешают.
10. Зря ты этого хочешь.
11. Не желай того, что тебе принесет несчастье.
12. Да. Ты останешься довольным.
13. Получишь, но с гулькин нос.
14. Останешься на бобах.
15. Конечно да, но потом жалеть станешь.
16. Смирись, это не твое.
17. Все будет не так просто.
18. Заваришь кашу — не расхлебаешь.
19. А тебе это надо?
20. Потом не отвяжешься.
21. То, что ты хочешь, то тебе навредит.
22. Ты подведешь себя под монастырь через свое глупое желание.
23. Ликуй! Все будет так, как ты того хочешь!
24. Через большие трудности и слезы.
25. Еще поднатужься, и твое желание исполнится.
26. Благими намерениями выстлана дорога в ад!
27. Родня этому помешает.
28. Скоро ты о своем желании забудешь — не до того будет.
29. Для этого тебе деньги нужны.
30. Через суд получишь.

Ночное судьбинное гадание «Кассандра», или Оракул Кассандры*

С кем я останусь в конце жизни?

1	2	3	4	5	6
7	8	9	10	11	12
13	14	15	16	17	18
19	20	21	22	23	24
25	26	27	28	29	30

Ответы

1. С теми, кого ты любишь.
2. В горьком одиночестве.
3. Среди стариков, в богадельне.

---

* Помните:
   - Нельзя задавать один и тот же вопрос несколько раз.
   - Задавать вопрос Оракулу нужно только в одиночестве.
   - Гадание по этому Оракулу возможно только ночью.
   - Во время гадания нельзя произносить бранных слов, чтобы не оскорбить дух Кассандры.
   - Тому, кто в Оракул не верит, не следует гадать, т. к. Оракул все равно не скажет вам правды.

4. Среди детей и внуков.
5. С постылым человеком.
6. Сперва до старости доживи, а потом увидишь.
7. С дальней родней.
8. С людьми чужими, но добрыми.
9. Знала бы ты об этом конце, вопросов не задавала.
10. Среди убогих.
11. С лгунами, которые будут ждать наследства.
12. Тебе этого лучше не знать.
13. Будешь иметь счастливую и достойную старость.
14. С милым супругом и детьми.
15. С добрым и верным другом.
16. С теми, кто вас любит.
17. В обнимку с нищетой.
18. С горьким опытом прожитых лет.
19. Со своим дурным характером и упрямством.
20. Со счастливыми воспоминаниями о прожитом.
21. С деньгами и седой головой.
22. С надеждою на прощение своих грехов.
23. Совсем не с теми, с кем бы вам хотелось.
24. С горьким сознанием своего бессилия.
25. Будешь одна на целом свете.
26. При разбитом сердце.
27. С деревянными костылями.
28. С тем, кто вам дороже всего.
29. С вдовцом соседки.
30. С котом и собакой.

Ночное судьбинное гадание «Кассандра», или Оракул Кассандры*

Простить или нет?

1	2	3	4	5	6
7	8	9	10	11	12
13	14	15	16	17	18
19	20	21	22	23	24
25	26	27	28	29	30

Ответы

1. Кто старое помянет, тому глаз вон!
2. Простить не сможешь.
3. Хоть и простишь, но суд будет.

---

* Помните:
- Нельзя задавать один и тот же вопрос несколько раз.
- Задавать вопрос Оракулу нужно только в одиночестве.
- Гадание по этому Оракулу возможно только ночью.
- Во время гадания нельзя произносить бранных слов, чтобы не оскорбить дух Кассандры.
- Тому, кто в Оракул не верит, не следует гадать, т. к. Оракул все равно не скажет вам правды.

4. Забудьте все обиды.

5. Вам все равно придется простить.

6. Тебе прощать не привыкать.

7. На обиженных в аду воду возят.

8. Давно следовало простить.

9. Вы ведь тоже не ангел.

10. Для вас выгоднее простить.

11. Если не простите — пожалеете.

12. Все было сделано и сказано в сердцах.

13. Бог терпел и нам велел.

14. Простите, и вам станет легче.

15. А разве вы никогда не ошибались?

16. Не суди да не судим будешь.

17. Ваше нежное сердце уже простило.

18. Раны зарастают быстро.

19. Будешь долго злиться — останешься одна.

20. Нехорошо быть злопамятным человеком.

21. Полно об этом думать, не такая уж большая вина…

22. Сделай вид, что ничего не произошло.

23. Твое прощение Богу мило.

24. А куда ты денешься!

25. Прости, но не забывай.

26. Скоро про это забудешь.

27. Здесь вина есть и ваша.

28. Тот человек и так переживает.

29. Простишь, потом пожалеешь.

30. Нашла, о чем думать.

Ночное судьбинное гадание «Кассандра», или Оракул Кассандры*

Отчего мне так не везет?

1	2	3	4	5	6
7	8	9	10	11	12
13	14	15	16	17	18
19	20	21	22	23	24
25	26	27	28	29	30

Ответы

1. Сама во всем виновата.
2. Из-за доброты вашей.
3. Не ропщи, а неси свой крест.

---

* Помните:
- Нельзя задавать один и тот же вопрос несколько раз.
- Задавать вопрос Оракулу нужно только в одиночестве.
- Гадание по этому Оракулу возможно только ночью.
- Во время гадания нельзя произносить бранных слов, чтобы не оскорбить дух Кассандры.
- Тому, кто в Оракул не верит, не следует гадать, т. к. Оракул все равно не скажет вам правды.

4. Сама выбрала себе такое «счастье».
5. Потерпи, это скоро пройдет.
6. Врагов у тебя слишком много.
7. Сними порчу, и легче станет.
8. Это твоя карма.
9. Пройдет и это.
10. Сглазили твою судьбу.
11. Из-за кровного проклятия.
12. Это еще не беда, настоящая беда еще впереди.
13. Доверчивость подводит.
14. Хорошим людям всегда не везет.
15. Все со временем изменится.
16. Подруги твои виноваты.
17. Нужно было слушать родителей.
18. Через год кончатся твои несчастья.
19. Твое имя тебе вредит.
20. Откупись от своей беды добрыми делами.
21. Когда будет с тобой рядом другой человек, тогда позабудешь о своем горе.
22. У вас не так все плохо, как вы думаете.
23. Будет и на вашей улице праздник.
24. Не придумывай, у тебя все нормально.
25. Все твои проблемы из-за твоих близких.
26. Сходи в храм, причастись и помолись.
27. Пока человек живет, ему иногда не везет.
28. Не зли своих врагов и не получишь батогов.
29. Через недельку-другую будешь думать иначе.
30. Скоро и тебе повезет.

Ночное судьбинное гадание «Кассандра», или Оракул Кассандры*

Почему меня никто не любит?

1	2	3	4	5	6
7	8	9	10	11	12
13	14	15	16	17	18
19	20	21	22	23	24
25	26	27	28	29	30

Ответы

1. Кому надо, тот любит.
2. Не служи «и нашим, и вашим».
3. Родители тебя очень любят.

---

* Помните:
- Нельзя задавать один и тот же вопрос несколько раз.
- Задавать вопрос Оракулу нужно только в одиночестве.
- Гадание по этому Оракулу возможно только ночью.
- Во время гадания нельзя произносить бранных слов, чтобы не оскорбить дух Кассандры.
- Тому, кто в Оракул не верит, не следует гадать, т. к. Оракул все равно не скажет вам правды.

4. Тебя любит Бог.
5. Скоро все переменится.
6. Тебя любит тот, кто тебе дорог.
7. Твои друзья очень любят тебя.
8. На службе тебя уважают, а любить не должны.
9. Любовь нужно заслужить.
10. Любовь не морковь, без нее можно прожить.
11. А ты разве кого любишь?
12. Оглянись и убедись, что тебя любят.
13. Не говори неправды.
14. Это у тебя просто хандра.
15. Ты тоже любишь только себя.
16. Не загребай жар чужими руками.
17. Да, тебя действительно не любят, только используют.
18. Не пренебрегай людским мнением, и тогда тебя будут любить.
19. Сперва сама научись любить.
20. Пора уже думать о чем-нибудь другом.
21. У вас просто нервы расстроены.
22. Потому что не хотите себя изменить.
23. Тот, кто любит, того ты не замечаешь.
24. Потому что вам завидуют.
25. Зато вас любит удача.
26. Когда перестанешь любить деньги, тогда тебя и полюбят.
27. Не претворяйся несчастной, ты же знаешь, что это не так.
28. Вас любит тот, кого вы упорно не замечаете.
29. Очень скоро в вас влюбится достойная особа.
30. Из-за твоих родных.

Ночное судьбинное гадание «Кассандра», или Оракул Кассандры*

Какое меня ждет испытание?

1	2	3	4	5	6
7	8	9	10	11	12
13	14	15	16	17	18
19	20	21	22	23	24
25	26	27	28	29	30

Ответы

1. Измена близкого человека.
2. Потеря.
3. Повышение по службе.

---

* Помните:
- Нельзя задавать один и тот же вопрос несколько раз.
- Задавать вопрос Оракулу нужно только в одиночестве.
- Гадание по этому Оракулу возможно только ночью.
- Во время гадания нельзя произносить бранных слов, чтобы не оскорбить дух Кассандры.
- Тому, кто в Оракул не верит, не следует гадать, т. к. Оракул все равно не скажет вам правды.

4. Ссора с друзьями.
5. Наследство.
6. Кража.
7. Неожиданная прибыль.
8. Сплетни.
9. Разлад с родственниками.
10. Испытание деньгами.
11. Разорение.
12. Крах в денежных делах.
13. Новая любовь.
14. Подстава.
15. Опасность в пути.
16. Связь с особой, находящейся в браке.
17. Ремонт жилья.
18. Опасность пожара.
19. Переезд.
20. Нищета в старости.
21. Подслушанный разговор.
22. Порча на смерть.
23. Неотданные долги.
24. Неприятное известие.
25. Интерес судебных властей.
26. Разочарование в детях.
27. Порча имущества.
28. Анонимное письмо.
29. Разлука с любимым человеком.
30. Неприятности из-за близких людей.

Ночное судьбинное гадание «Кассандра», или Оракул Кассандры*

На что я могу надеяться?

1	2	3	4	5	6
7	8	9	10	11	12
13	14	15	16	17	18
19	20	21	22	23	24
25	26	27	28	29	30

Ответы

1. Только на себя.
2. На Господа Бога.
3. На авось.

---

* Помните:
  • Нельзя задавать один и тот же вопрос несколько раз.
  • Задавать вопрос Оракулу нужно только в одиночестве.
  • Гадание по этому Оракулу возможно только ночью.
  • Во время гадания нельзя произносить бранных слов, чтобы не оскорбить дух Кассандры.
  • Тому, кто в Оракул не верит, не следует гадать, т. к. Оракул все равно не скажет вам правды.

4. На свое везенье.

5. Надейся вопреки всему.

6. На родных и близких.

7. Друзья снова спасут.

8. На счастливую случайность.

9. На взятку.

10. Надейся на счастливую звезду.

11. На свою вторую половину.

12. Пожалуй, надеяться не стоит.

13. На слово, которое вам дадут.

14. Проявишь свою находчивость.

15. Спасет ошибка врага.

16. На то, что рано или поздно все пройдет.

17. На помощь начальника.

18. На свою хитрость.

19. На время, которое все лечит.

20. На выгодное предложение.

21. На своего Ангела-хранителя.

22. На того, кого ты любишь.

23. На то, что хоть раз должно повезти.

24. На справедливость судьи.

25. На свою семью.

26. На удачу в переговорах с врагом.

27. Надейся только на чудо.

28. Выручит красноречие.

29. Хладнокровие и осмотрительность.

30. На крепкий замок.

Ночное судьбинное гадание «Кассандра», или Оракул Кассандры*

О чем думает известная мне личность?

1	2	3	4	5	6
7	8	9	10	11	12
13	14	15	16	17	18
19	20	21	22	23	24
25	26	27	28	29	30

Ответы

1. О том, как вы надоели.
2. Только не о вас.
3. Хочет слышать ваш голос.

---

* Помните:
• Нельзя задавать один и тот же вопрос несколько раз.
• Задавать вопрос Оракулу нужно только в одиночестве.
• Гадание по этому Оракулу возможно только ночью.
• Во время гадания нельзя произносить бранных слов, чтобы не оскорбить дух Кассандры.
• Тому, кто в Оракул не верит, не следует гадать, т. к. Оракул все равно не скажет вам правды.

4. Думает, как от вас отвязаться.

5. Мечтает о свидании с другой особой.

6. Жаждет вас обнять и поцеловать.

7. Тоскует по вам.

8. Мысленно с вами везде.

9. Ревнует и страдает.

10. О том, кого любит.

11. Решает с вами порвать отношения.

12. Скучает по вам, как верный пес по хозяину.

13. Удивляется вашей глупости.

14. Считает вас жестокой.

15. Молится на вас.

16. Думает, корыстны вы или нет.

17. Ненавидит вас и весь белый свет.

18. Ломает голову, что бы вам подарить.

19. Надеется на ваше прощение.

20. Сомневается в вас.

21. Мучается мыслью, знаете ли вы об измене.

22. Терзается вопросом, разлюбили вы или нет?

23. Пишет записки и рвет.

24. Завидует мертвецам.

25. Где бы раздобыть денег?

26. Желает напиться и забыться.

27. Принимает серьезное решение.

28. Боится к вам подойти.

29. Вынашивает месть.

30. Спит и ни о чем не горюет.

Ночное судьбинное гадание «Кассандра», или Оракул Кассандры*

Кого любит известная мне особа?

1	2	3	4	5	6
7	8	9	10	11	12
13	14	15	16	17	18
19	20	21	22	23	24
25	26	27	28	29	30

Ответы

1. Всех, кроме вас.
2. Себя и только себя!
3. Того, кто умер.

---

* Помните:
  • Нельзя задавать один и тот же вопрос несколько раз.
  • Задавать вопрос Оракулу нужно только в одиночестве.
  • Гадание по этому Оракулу возможно только ночью.
  • Во время гадания нельзя произносить бранных слов, чтобы не оскорбить дух Кассандры.
  • Тому, кто в Оракул не верит, не следует гадать, т. к. Оракул все равно не скажет вам правды.

4. Особа эта неспособна любить.
5. Свою первую любовь.
6. Того, кто живет по соседству.
7. Тот мил сердцу, кто очень далеко.
8. Кого же, как не вас.
9. С кем время проводит.
10. Любит всех подряд без разбора.
11. Этой особе не до любви.
12. С кем пил на брудершафт.
13. Холодное сердце не может любить.
14. Любит деньги и золото.
15. Вино и азарт.
16. Того, кто был в первом браке.
17. Рулетку и карты.
18. Родную матушку.
19. Свободу.
20. Своего дитя.
21. Поездки на море.
22. Выгоду во всем.
23. Риск.
24. Обожает только вас.
25. Веселую жизнь.
26. Ваши прекрасные глаза.
27. Любит вас больше жизни.
28. Друзей и подруг.
29. Любить не любит, но вас жалеет.
30. Того, кого вы хорошо знаете.

Ночное судьбинное гадание «Кассандра», или Оракул Кассандры*

Получу ли я повышение?

1	2	3	4	5	6
7	8	9	10	11	12
13	14	15	16	17	18
19	20	21	22	23	24
25	26	27	28	29	30

Ответы

1. Обязательно, лет через пять.
2. Получишь, если начальству угодишь.
3. И не надейся!

---

* Помните:
  • Нельзя задавать один и тот же вопрос несколько раз.
  • Задавать вопрос Оракулу нужно только в одиночестве.
  • Гадание по этому Оракулу возможно только ночью.
  • Во время гадания нельзя произносить бранных слов, чтобы не оскорбить дух Кассандры.
  • Тому, кто в Оракул не верит, не следует гадать, т. к. Оракул все равно не скажет вам правды.

4. Тебя ждет увольнение.
5. Не повышение, а выговор получишь.
6. Если б не «доброжелатели», то давно бы тебя повысили.
7. Тебе на этом месте не работать.
8. Когда состаришься.
9. Какое повышение, смотри, чтобы тебя не выгнали!
10. Урежут и эту зарплату.
11. Будешь безработным.
12. Когда рак на горе свистнет.
13. Карьерный рост тебе обеспечен.
14. Будешь там же, где есть.
15. Друзья в этом помогут.
16. Действуй решительно, и тогда повезет.
17. Поможет счастливый случай.
18. Это будет очень не скоро.
19. Через годик сбежишь с этой работы.
20. На тебя пишут начальству анонимки.
21. Ты не так себя ведешь, как надо, так что не про тебя награда.
22. Болезнь помешает росту карьеры.
23. На это место много и других желающих.
24. Ты найдешь работу лучше.
25. Будут кормить тебя обещаниями.
26. Ты с новой должностью не справишься.
27. Зачем тебе эта головная боль?
28. Не верь — тебя водят за нос.
29. Приди и предложи свою кандидатуру.
30. Лучше не суйся куда не надо!

Ночное судьбинное гадание «Кассандра», или Оракул Кассандры*

Когда мои огорчения уйдут?

1	2	3	4	5	6
7	8	9	10	11	12
13	14	15	16	17	18
19	20	21	22	23	24
25	26	27	28	29	30

Ответы

1. Уже уходят.
2. Через месяц о них забудешь!
3. Вряд ли они так быстро уйдут.

---

* Помните:
  - Нельзя задавать один и тот же вопрос несколько раз.
  - Задавать вопрос Оракулу нужно только в одиночестве.
  - Гадание по этому Оракулу возможно только ночью.
  - Во время гадания нельзя произносить бранных слов, чтобы не оскорбить дух Кассандры.
  - Тому, кто в Оракул не верит, не следует гадать, т. к. Оракул все равно не скажет вам правды.

4. Одна печаль уйдет, другая придет!
5. От них скоро не останется и следа!
6. Не нужно надеяться на чудо.
7. Когда выплакаешь все слезы.
8. Нет ничего постоянного, пройдет и ваша беда.
9. Надейся, и все будет хорошо.
10. Бог поможет, беду превозможет.
11. Печаль превратится в радость.
12. Когда сама изменишься к лучшему.
13. После приезда гостей.
14. Как только вас поцелуют.
15. Смейся всему вопреки, и беда отступит.
16. Для этого разрубите узел.
17. Когда решитесь на разрыв.
18. Любовь в этом скоро поможет.
19. После нового знакомства.
20. Когда сердце перестанет скучать.
21. Мир полон радости и огорчений, так было и будет всегда.
22. Когда возьмете себя в руки.
23. Когда детки вырастут.
24. Перед уходом из жизни.
25. Это не огорчение, а любовь.
26. Когда не станет на земле соперников и соперниц.
27. Когда избавитесь от болезни.
28. То, что вас огорчает, никогда не пройдет.
29. Кто не любит, тот не страдает.
30. Скоро и на вашей улице будет праздник.

Ночное судьбинное гадание «Кассандра», или Оракул Кассандры*

Кто повинен в моей беде?

1	2	3	4	5	6
7	8	9	10	11	12
13	14	15	16	17	18
19	20	21	22	23	24
25	26	27	28	29	30

Ответы

1. Необдуманный поступок.
2. Зависть глупых людей.
3. Тот, кого вы считаете верным другом.

---

* Помните:
- Нельзя задавать один и тот же вопрос несколько раз.
- Задавать вопрос Оракулу нужно только в одиночестве.
- Гадание по этому Оракулу возможно только ночью.
- Во время гадания нельзя произносить бранных слов, чтобы не оскорбить дух Кассандры.
- Тому, кто в Оракул не верит, не следует гадать, т. к. Оракул все равно не скажет вам правды.

4. Неблагодарные люди.

5. Злые сплетники.

6. Ваше легкомыслие.

7. Тот, на кого вы не думаете.

8. Колдунья.

9. Ваша мягкосердечность и бесхарактерность.

10. Коварство рыжеволосой женщины.

11. Ваше упрямство.

12. Погоня за двумя зайцами.

13. Человеческая жадность.

14. Судьба-злодейка.

15. Так вам на роду написано.

16. Подставленная подножка.

17. Интриги окружающих вас людей.

18. Ваше нежелание бороться с врагами.

19. Новая подруга.

20. Родственники вашей половины.

21. Сама и виновата.

22. Нужно было надеяться только на себя.

23. Роковая встреча двух людей.

24. Это еще не беда.

25. Вы много об этом думаете, а овчинка выделки не стоит.

26. Вас подвела ваша любовь.

27. Не стоит унывать — беда ваша скоро пройдет.

28. Пойди в храм, помолись, и все наладится.

29. Не путай хандру с бедой.

30. Вот увидишь: любимые глаза и вся беда испарится.

Ночное судьбинное гадание «Кассандра», или Оракул Кассандры*

Чем дело кончится?

1	2	3	4	5	6
7	8	9	10	11	12
13	14	15	16	17	18
19	20	21	22	23	24
25	26	27	28	29	30

Ответы

1. Супружеским браком.
2. Головокружительным успехом.
3. Веселым пиром.

---

* Помните:
- Нельзя задавать один и тот же вопрос несколько раз.
- Задавать вопрос Оракулу нужно только в одиночестве.
- Гадание по этому Оракулу возможно только ночью.
- Во время гадания нельзя произносить бранных слов, чтобы не оскорбить дух Кассандры.
- Тому, кто в Оракул не верит, не следует гадать, т. к. Оракул все равно не скажет вам правды.

4. Миром.
5. Лишитесь всего.
6. Полными карманами денег.
7. Обновой.
8. Разорением.
9. Повышением в должности.
10. Судом или скандалом.
11. Переездом на новое место.
12. Слезами.
13. Похоронами.
14. Предложением руки и сердца.
15. Психбольницей.
16. Обручальным кольцом.
17. Потерей друзей.
18. Пьянкой.
19. Больничной кроватью.
20. Позором.
21. Примирением врагов.
22. Разоблачением в неверности.
23. Мордобитием.
24. Новым браком.
25. Оскорблениями прилюдно.
26. Попыткой самоубийства.
27. Разоблачением вора.
28. Поездкой на кладбище.
29. Наградой за терпение.
30. Смертью в глубокой старости.

Ночное судьбинное гадание «Кассандра», или Оракул Кассандры*

Стоит мне делать это или нет?

1	2	3	4	5	6
7	8	9	10	11	12
13	14	15	16	17	18
19	20	21	22	23	24
25	26	27	28	29	30

Ответы

1. Ни в коем случае.
2. Обязательно и немедленно.
3. Остерегайтесь задуманного.

---

* Помните:
  • Нельзя задавать один и тот же вопрос несколько раз.
  • Задавать вопрос Оракулу нужно только в одиночестве.
  • Гадание по этому Оракулу возможно только ночью.
  • Во время гадания нельзя произносить бранных слов, чтобы не оскорбить дух Кассандры.
  • Тому, кто в Оракул не верит, не следует гадать, т. к. Оракул все равно не скажет вам правды.

4. Дерзай, и все получится.

5. Смелость города берет.

6. Рискни.

7. Не ищи на свою задницу приключений.

8. Наверное, стоит попробовать.

9. Кто не рискует, тот не пьет шампанского.

10. У тебя все получится.

11. Действуй, но только быстро.

12. Теперь уже это делать поздно.

13. Не навлекай на себя беды.

14. Не делай этого.

15. Отказываться от плана уже поздно.

16. Решай сама.

17. Если только сможешь дойти до самого конца.

18. Откажись от этой мысли.

19. Почему вы столь нерешительны?

20. Это не для вас.

21. Только если вам помогут.

22. Слушай свой разум и сердце.

23. Смотри, как бы потом не пожалеть.

24. Много думаешь, давно бы уже сделала.

25. Сперва на это решись, ведь ты еще не готова.

26. Там дело-то плевое.

27. Забудь об этом!

28. Нечего размышлять, берись и делай!

29. Это будет очень выгодно для тебя.

30. Смотри, как бы не было хуже.

Ночное судьбинное гадание «Кассандра», или Оракул Кассандры*

Верить нужно или нет?

1	2	3	4	5	6
7	8	9	10	11	12
13	14	15	16	17	18
19	20	21	22	23	24
25	26	27	28	29	30

Ответы

1. Тот, о ком вы думаете, заслуживает доверия.
2. Ни в коем случае.
3. Верьте, как себе.

---

* Помните:
- Нельзя задавать один и тот же вопрос несколько раз.
- Задавать вопрос Оракулу нужно только в одиночестве.
- Гадание по этому Оракулу возможно только ночью.
- Во время гадания нельзя произносить бранных слов, чтобы не оскорбить дух Кассандры.
- Тому, кто в Оракул не верит, не следует гадать, т. к. Оракул все равно не скажет вам правды.

4. Никому не верьте.

5. Это пустые обещания.

6. Только не этому человеку.

7. Верьте без колебания.

8. Не верьте ни слову.

9. Еще один раз поверьте.

10. Это очередной хитрый ход.

11. Доверять такой особе нельзя.

12. Верьте только в свои силы.

13. Пустые обещания.

14. Обязательно верьте.

15. Ваше доверие вознаградится.

16. Если поверите, погубите себя.

17. Смотрите, не пришлось бы плакать.

18. Доверяй, но проверяй.

19. Каждому воздастся по вере.

20. То, что вам обещают, не увидите никогда.

21. На этот раз верить можно.

22. Вы ведь все равно сделаете так, как сами того хотите.

23. Разумеется, нет.

24. Не позволяйте себя обманывать.

25. Еще раз подумайте, прежде чем поверить этой особе.

26. Глупо сомневаться, конечно верьте.

27. Кто любит, тот всегда верит.

28. Ты и себе-то не веришь.

29. Я бы поверила, а ты нет.

30. Не навреди себе своей добротой.

Ночное судьбинное гадание «Кассандра», или Оракул Кассандры*

Что меня ждет?

1	2	3	4	5	6
7	8	9	10	11	12
13	14	15	16	17	18
19	20	21	22	23	24
25	26	27	28	29	30

Ответы

1. Долгая и счастливая жизнь.
2. Казенные хлопоты.
3. Страх за свою жизнь.

---

* Помните:
- Нельзя задавать один и тот же вопрос несколько раз.
- Задавать вопрос Оракулу нужно только в одиночестве.
- Гадание по этому Оракулу возможно только ночью.
- Во время гадания нельзя произносить бранных слов, чтобы не оскорбить дух Кассандры.
- Тому, кто в Оракул не верит, не следует гадать, т. к. Оракул все равно не скажет вам правды.

4. Одиночество.
5. Любовь к женатому человеку.
6. Измена.
7. Пополнение кошелька.
8. Козни соперницы.
9. Кража.
10. Переживание за близких.
11. Долгая болезнь.
12. Ссора с родней.
13. Изящное украшение.
14. Страстная любовь.
15. Потеря в деньгах.
16. Новые приключения.
17. Потеря домашнего любимца.
18. Подслушанный разговор.
19. Дом престарелых.
20. Выигрыш в важном деле.
21. Очередная ложь.
22. Неприятное сообщение.
23. Козни врагов.
24. Опасность при поздней дороге.
25. Траур.
26. Обогащение за счет свояченицы.
27. Больничная койка.
28. Неожиданное наследство.
29. Короткая жизнь.
30. Утрата здоровья.

Ночное судьбинное гадание «Кассандра», или Оракул Кассандры*

Чего мне следует опасаться?

1	2	3	4	5	6
7	8	9	10	11	12
13	14	15	16	17	18
19	20	21	22	23	24
25	26	27	28	29	30

Ответы

1. Долгой болезни.

2. Измены супруга.

3. Потери денег.

---

* Помните:
  • Нельзя задавать один и тот же вопрос несколько раз.
  • Задавать вопрос Оракулу нужно только в одиночестве.
  • Гадание по этому Оракулу возможно только ночью.
  • Во время гадания нельзя произносить бранных слов, чтобы не оскорбить дух Кассандры.
  • Тому, кто в Оракул не верит, не следует гадать, т. к. Оракул все равно не скажет вам правды.

4. Лжи того, кто вам дорог.

5. Позднего пути в незнакомом месте.

6. Ножа и веревки.

7. Потери веры в людей.

8. Сумасшествия близкого человека.

9. Банкротства.

10. Скандала во время пьянки.

11. Оговора и сплетен.

12. Проклятий из-за вашего дитя.

13. Яду.

14. Голодной старости.

15. Растраты и потери в деньгах.

16. Колдовских сил.

17. Потери всех близких.

18. Потопления.

19. Кражи имущества.

20. Подставы.

21. Заразной болезни.

22. Мести вашего врага.

23. Знакомства с черноволосым человеком.

24. Брака по расчету.

25. Огня молнии.

26. Гибели планеты.

27. Ранней старости.

28. Укуса собаки.

29. Случайной связи.

30. Болезни внутренних органов.

Ночное судьбинное гадание «Кассандра», или Оракул Кассандры*

Каково мое будущее?

1	2	3	4	5	6
7	8	9	10	11	12
13	14	15	16	17	18
19	20	21	22	23	24
25	26	27	28	29	30

Ответы

1. В будущем вы баловень судьбы.
2. Испытание бедностью.
3. Будете трудиться, как лошадь.

---

* Помните:
  - Нельзя задавать один и тот же вопрос несколько раз.
  - Задавать вопрос Оракулу нужно только в одиночестве.
  - Гадание по этому Оракулу возможно только ночью.
  - Во время гадания нельзя произносить бранных слов, чтобы не оскорбить дух Кассандры.
  - Тому, кто в Оракул не верит, не следует гадать, т. к. Оракул все равно не скажет вам правды.

4. Такое же, как и настоящее.

5. Все будет гораздо лучше, чем сейчас.

6. Всего будет понемногу, и хорошего, и плохого.

7. А оно разве будет?

8. Особо плохого не будет.

9. Сплошные страдания.

10. Тревожные дни из-за деток.

11. Испытание богатством.

12. Одни заботы, а радости никакой.

13. Сущий ад.

14. Не такое уж и плохое.

15. Долгая, долгая жизнь и быстрая и легкая смерть.

16. Слугой будете трем господам.

17. Неожиданно разбогатеете.

18. Будете отлеживаться в постели.

19. Будет очень удачный брак.

20. Жить будете, как в раю.

21. В конце жизни счастье улыбнется.

22. Незавидное.

23. Сами будете удивляться своему счастью.

24. Пожнете плоды, которые сажаете сейчас.

25. Сейчас вы помогаете и кормите, а потом вас будут кормить и поить.

26. Накопите много барахла, но с собой на тот свет не возьмешь.

27. Жизнь будет счастливой и светлой.

28. Бог скоро вам подарит благодать.

29. Влезете в большие долги.

30. Всем на зависть.

Ночное судьбинное гадание «Кассандра», или Оракул Кассандры*

Разбогатею ли я когда-нибудь?

1	2	3	4	5	6
7	8	9	10	11	12
13	14	15	16	17	18
19	20	21	22	23	24
25	26	27	28	29	30

Ответы

1. Сейчас нет, а под старость да.
2. Твое богатство — твои дети.
3. Это вряд ли.

---

* Помните:
 • Нельзя задавать один и тот же вопрос несколько раз.
 • Задавать вопрос Оракулу нужно только в одиночестве.
 • Гадание по этому Оракулу возможно только ночью.
 • Во время гадания нельзя произносить бранных слов, чтобы не оскорбить дух Кассандры.
 • Тому, кто в Оракул не верит, не следует гадать, т. к. Оракул все равно не скажет вам правды.

4. Деньги будут к вам липнуть, но это будет через пять лет.
5. Ты и так не бедна.
6. Для чего тебе деньги, ты ведь сама золото.
7. К старости накопишь много.
8. Тебе сколько денег ни давай, все меж пальцев утекут.
9. Не в деньгах и золоте счастье.
10. Нет, т. к. ты не умеешь их тратить.
11. Будешь всю жизнь копить, а похоронят голой!
12. Тебя деньги не любят.
13. Богатство — это не для тебя.
14. Будет у тебя всего много.
15. Богатой будешь, а счастливой нет.
16. Проси у Бога не денег, а долгих лет жизни.
17. Когда заболеешь, про деньги забудешь.
18. Все, что ты накопишь, у тебя украдут.
19. Ты лишишься и того, что имеешь!
20. Люди через деньги и злато много слез льют.
21. Копи, экономь и станешь при деньгах.
22. В нашей жизни трудно разбогатеть.
23. Разбогатеешь за счет нового мужа.
24. Если только кто наследство отпишет.
25. Не считай денег в темноте, тогда разбогатеешь.
26. Подавай на добрые дела десятину, тогда и тебе Бог подаст.
27. Приворожи к себе деньги, тогда и разбогатеешь.
28. Кто деньги занимает, тот свою удачу теряет.
29. Выкинь эти мысли из головы.
30. Больше жертвуй на храм, и тебе Бог подаст.

Ночное судьбинное гадание «Кассандра», или Оракул Кассандры*

Обманут меня или нет?

1	2	3	4	5	6
7	8	9	10	11	12
13	14	15	16	17	18
19	20	21	22	23	24
25	26	27	28	29	30

Ответы

1. Им это не нужно.
2. Нет, вам хотят добра.
3. Вы сами это провоцируете.

---

* Помните:
  • Нельзя задавать один и тот же вопрос несколько раз.
  • Задавать вопрос Оракулу нужно только в одиночестве.
  • Гадание по этому Оракулу возможно только ночью.
  • Во время гадания нельзя произносить бранных слов, чтобы не оскорбить дух Кассандры.
  • Тому, кто в Оракул не верит, не следует гадать, т. к. Оракул все равно не скажет вам правды.

4. В этом деле обман невозможен.

5. Да, и уже не в первый раз.

6. Еще такой хитрец не родился.

7. Да, но не специально.

8. По-другому будет невозможно.

9. Обстоятельства к этому располагают.

10. Вы вовремя это поймете.

11. Для этого и поставлена цель.

12. Нужно доверять.

13. Обман скоро обнаружится.

14. Вы и сами не прочь обмануть других.

15. Вас хотят запутать.

16. Не прикидывайтесь бедной овечкой.

17. Вы сами этого хотели.

18. Сегодня вас, а завтра других.

19. Это не опасно.

20. Не высказывайте свои сомнения вслух.

21. Увы, вы уже не первая жертва.

22. Глядя на вас, так и хочется обмануть.

23. Доверьтесь, у вас нет иного выхода.

24. Просто будьте всегда начеку.

25. Как вы можете сомневаться?

26. Таких, как вы, не обманывают.

27. Обман вовремя обнаружится.

28. Вы же знаете, вас обмануть довольно просто.

29. Вас любят и потому не причинят вреда.

30. Вы перехитрите всех.

Ночное судьбинное гадание «Кассандра», или Оракул Кассандры*

Каким к вам приедет уехавший?

1	2	3	4	5	6
7	8	9	10	11	12
13	14	15	16	17	18
19	20	21	22	23	24
25	26	27	28	29	30

Ответы

1. Чужим.
2. Женатым человеком.
3. Богатым человеком.

---

* Помните:
- Нельзя задавать один и тот же вопрос несколько раз.
- Задавать вопрос Оракулу нужно только в одиночестве.
- Гадание по этому Оракулу возможно только ночью.
- Во время гадания нельзя произносить бранных слов, чтобы не оскорбить дух Кассандры.
- Тому, кто в Оракул не верит, не следует гадать, т. к. Оракул все равно не скажет вам правды.

4. Больным и несчастным.
5. С нечистой совестью.
6. С большими долгами.
7. Увенчанный славой.
8. С сединой в волосах и молодым сердцем.
9. С большим опытом в любви.
10. С холодным взглядом.
11. Таким же, каким и был.
12. Очень изменившимся.
13. С молодой женой.
14. Простуженным.
15. Истосковавшимся по вам.
16. Разочарованным в жизни.
17. Хромым.
18. С новыми друзьями.
19. При барыше.
20. С желаньем вас обнять.
21. С намерением жениться.
22. В большом проигрыше.
23. Весьма постаревшим.
24. Навеселе.
25. В новых заботах.
26. В золоте и дорогих одеждах.
27. С подозрением против вашей верности.
28. С чувством выполненного долга.
29. С пустым кошелем.
30. С намерением порвать всякие отношения.

Ночное судьбинное гадание «Кассандра», или Оракул Кассандры*

Что мне нужно для моего счастья?

1	2	3	4	5	6
7	8	9	10	11	12
13	14	15	16	17	18
19	20	21	22	23	24
25	26	27	28	29	30

Ответы

1. Любви и заботы.
2. Прибыльной работы.
3. Чтобы дети ваши никогда не болели.

---

* Помните:
  • Нельзя задавать один и тот же вопрос несколько раз.
  • Задавать вопрос Оракулу нужно только в одиночестве.
  • Гадание по этому Оракулу возможно только ночью.
  • Во время гадания нельзя произносить бранных слов, чтобы не оскорбить дух Кассандры.
  • Тому, кто в Оракул не верит, не следует гадать, т. к. Оракул все равно не скажет вам правды.

4. Взаимной любви.
5. Чтобы муж не изменял.
6. Поддержка близких.
7. Чтобы свекровь не мешала.
8. Везения во всех делах.
9. Здоровья и бодрости тела и духа.
10. Смены обстановки.
11. Другое место жительства.
12. Забыть своего мучителя.
13. Побольше красоты.
14. Деньжат во всех карманах.
15. Не так быстро стареть.
16. Чтобы враги отвязались.
17. Свободы в поступках.
18. Вернуть прошлое.
19. Лучше одеваться и питаться.
20. Забыть прежнюю любовь.
21. Равноправие с супругом.
22. Увидеть родителей.
23. Верности любимой особы.
24. Выиграть миллион.
25. Любовника с деньгами.
26. Чтобы исчез тот, кто вас огорчает.
27. Больше ласки и заботы.
28. Уйти в монастырь от земных забот.
29. Забыть человеческую подлость.
30. Уснуть навсегда.

Ночное судьбинное гадание «Кассандра», или Оракул Кассандры*

Когда успокоится мое сердце?

1	2	3	4	5	6
7	8	9	10	11	12
13	14	15	16	17	18
19	20	21	22	23	24
25	26	27	28	29	30

Ответы

1. Тогда, когда ты уже в это не будешь верить.
2. Очень скоро.
3. Еще год потерпи.

---

* Помните:
- Нельзя задавать один и тот же вопрос несколько раз.
- Задавать вопрос Оракулу нужно только в одиночестве.
- Гадание по этому Оракулу возможно только ночью.
- Во время гадания нельзя произносить бранных слов, чтобы не оскорбить дух Кассандры.
- Тому, кто в Оракул не верит, не следует гадать, т. к. Оракул все равно не скажет вам правды.

4. Когда будешь спать вечным сном.

5. Думаю, никогда.

6. Когда вспыхнет новая любовь.

7. Когда насладитесь местью.

8. Вряд ли его можно успокоить.

9. После горячей молитвы.

10. Когда сможете с ним совладать.

11. После ухода вашей беды.

12. Когда все быльем порастет.

13. Оно почти спокойно.

14. После воплощения вашего плана.

15. Только тогда, когда вам все вернут.

16. Это трудный вопрос.

17. Не нужно было брать все близко к сердцу.

18. После первых же ласковых слов.

19. Когда у вас попросят прощения.

20. Тогда, когда поймете, что это было не так уж важно.

21. Сердцу не прикажешь.

22. Когда увидите любимые очи.

23. Успокоитесь слезами соперницы.

24. Когда уедете далеко.

25. При первом удобном случае.

26. После выяснения отношений.

27. Когда над сердцем верх разум возьмет.

28. Рана в сердце долго не зарастает.

29. Крепись, чтобы не радовать врагов.

30. Господь в этом поможет.

Ночное судьбинное гадание «Кассандра», или Оракул Кассандры*

Что мне на роду написано?

1	2	3	4	5	6
7	8	9	10	11	12
13	14	15	16	17	18
19	20	21	22	23	24
25	26	27	28	29	30

Ответы

1. Жить, как Бог на душу положил.
2. Искупление грехов предков.
3. Терпеть от своих и чужих.

---

* Помните:
  • Нельзя задавать один и тот же вопрос несколько раз.
  • Задавать вопрос Оракулу нужно только в одиночестве.
  • Гадание по этому Оракулу возможно только ночью.
  • Во время гадания нельзя произносить бранных слов, чтобы не оскорбить дух Кассандры.
  • Тому, кто в Оракул не верит, не следует гадать, т. к. Оракул все равно не скажет вам правды.

4. Оставить о себе добрую память.

5. Быть доброй матерью и женой.

6. Жить долго и счастливо.

7. Внести лепту доброты в Божий мир.

8. Быть ни Богу свечкой, ни черту кочергой.

9. Родиться, жить и умереть.

10. Претерпеть много обид.

11. Испить чашу горечи.

12. Нести людям радость.

13. Быть ступенькой для счастья других.

14. Обогатить мир своим талантом.

15. Погоня за счастьем.

16. Покарать своих врагов.

17. Служение Богу.

18. Поиск призрачного удовольствия.

19. Помогать слабым.

20. Превзойти своих предков.

21. Любить и быть любимой.

22. Молиться за весь мир.

23. Быть козлом отпущения.

24. Продолжить свой род.

25. Копить, а затем все потерять.

26. Служить Господу Богу.

27. Сеять добро.

28. Вести людей к Богу.

29. Варить еду и кормить народ.

30. Быть утешением в старости родителям.

Ночное судьбинное гадание «Кассандра», или Оракул Кассандры*

Лучше забыть или помнить?

1	2	3	4	5	6
7	8	9	10	11	12
13	14	15	16	17	18
19	20	21	22	23	24
25	26	27	28	29	30

Ответы

1. Смотря что.
2. Нужно забыть, ведь это дело прошлое.
3. Такие мелочи лучше не помнить.

---

* Помните:
- Нельзя задавать один и тот же вопрос несколько раз.
- Задавать вопрос Оракулу нужно только в одиночестве.
- Гадание по этому Оракулу возможно только ночью.
- Во время гадания нельзя произносить бранных слов, чтобы не оскорбить дух Кассандры.
- Тому, кто в Оракул не верит, не следует гадать, т. к. Оракул все равно не скажет вам правды.

4. Не вздумай забыть.

5. Крепко помни, в этом твое спасенье.

6. Даже если захочешь забыть, тебе это напомнят.

7. Дальше уедешь, скорей забудешь.

8. Такое забыть невозможно.

9. Попробуй забыть.

10. Пожалуй, лучше забыть.

11. Долгов не забывают.

12. Кто старое помянет…

13. Разлюбить разлюбишь, а забыть не сможешь.

14. Плюнь и забудь навсегда.

15. Не будь злопамятной.

16. Забудь обиду ради прошлой любви.

17. Помни лишь долги, а все остальное забудь.

18. Даже если захотите, не сможете.

19. Как о вас забыли, так и вы забудьте.

20. Глупо помнить обиды.

21. Добрее вашего сердечка нет, я думаю, понятен мой ответ?

22. Большее пережила, переживешь и это.

23. Ты тоже делала другим больно, так что не копи обиду — довольно!

24. Слова были произнесены сгоряча, так что забудь.

25. Нашлась тоже, неженка!

26. Умный человек на дурака не обидится.

27. Выкинь из головы.

28. Просто прости…

29. Утро настанет — и обида уйдет.

30. Это только эмоции, успокойся.

Ночное судьбинное гадание «Кассандра», или Оракул Кассандры*

Какой будет характер у мужа?

1	2	3	4	5	6
7	8	9	10	11	12
13	14	15	16	17	18
19	20	21	22	23	24
25	26	27	28	29	30

Ответы

1. Жестокий.
2. Мягкий, как у женщины.
3. Мстительная натура.

---

* Помните:
- Нельзя задавать один и тот же вопрос несколько раз.
- Задавать вопрос Оракулу нужно только в одиночестве.
- Гадание по этому Оракулу возможно только ночью.
- Во время гадания нельзя произносить бранных слов, чтобы не оскорбить дух Кассандры.
- Тому, кто в Оракул не верит, не следует гадать, т. к. Оракул все равно не скажет вам правды.

4. Расчетливый и жадный.
5. Весельчак и балагур.
6. Горький пьяница.
7. Безвольный и слабый.
8. Ревнивый и скандальный.
9. Беззаботный, как мотылек.
10. Сплетник и пройдоха.
11. Спокойный и рассудительный.
12. Любитель путешествовать.
13. Обходительный.
14. Ласковый, как кот мурлыка.
15. Интриган и забияка.
16. Скупердяй, задавится за копейку.
17. Подкаблучник.
18. Благопристойный господин.
19. Маменькин сынок.
20. Выпивоха.
21. Игрок, любитель разбазаривать добро.
22. Дамский угодник.
23. Помешанный на подозрениях.
24. Хороший супруг и отец.
25. Настоящий «нарцисс».
26. Лентяй каких свет не знал.
27. Синяя борода.
28. Простой мужик.
29. Скромный гений.
30. Садист.

Ночное судьбинное гадание «Кассандра», или Оракул Кассандры*

Стоит ли мне объясняться в любви?

1	2	3	4	5	6
7	8	9	10	11	12
13	14	15	16	17	18
19	20	21	22	23	24
25	26	27	28	29	30

Ответы

1. С ним только так и надо.

2. Не вздумай, он совсем обнаглеет.

3. Вроде как шутя.

---

* Помните:
- Нельзя задавать один и тот же вопрос несколько раз.
- Задавать вопрос Оракулу нужно только в одиночестве.
- Гадание по этому Оракулу возможно только ночью.
- Во время гадания нельзя произносить бранных слов, чтобы не оскорбить дух Кассандры.
- Тому, кто в Оракул не верит, не следует гадать, т. к. Оракул все равно не скажет вам правды.

4. Не унижайся.
5. Ему твое объяснение нужно, как прошлогодний снег.
6. Это ему понравится.
7. Он об этом всему свету расскажет.
8. Это тебе навредит.
9. Если не стесняешься.
10. А почему бы и нет?
11. Даже не думай.
12. Так и поступи.
13. Наверняка это поможет.
14. Хотела бы я на это посмотреть.
15. Кто тебе это посоветовал?
16. Это в духе времени.
17. Кто смел, тот и съел!
18. Лучше напиши это в записке.
19. Будешь говорить, смотри прямо в глаза.
20. А разве ты его любишь?
21. Делай, что хочешь.
22. Не ты первая, не ты последняя.
23. Смелость города берет.
24. Не опускайся до этого.
25. Еще немного подожди.
26. Сегодня же скажи.
27. Ни к чему все это.
28. Он сам собирается тебе это сказать.
29. Ему это будет приятно.
30. Будь скромней.

Ночное судьбинное гадание «Кассандра», или Оракул Кассандры*

Что случится со мной в новом году?

1	2	3	4	5	6
7	8	9	10	11	12
13	14	15	16	17	18
19	20	21	22	23	24
25	26	27	28	29	30

Ответы

1. Ничего плохого.
2. Будешь много болеть.
3. Постигнет потеря.

---

* Помните:
  - Нельзя задавать один и тот же вопрос несколько раз.
  - Задавать вопрос Оракулу нужно только в одиночестве.
  - Гадание по этому Оракулу возможно только ночью.
  - Во время гадания нельзя произносить бранных слов, чтобы не оскорбить дух Кассандры.
  - Тому, кто в Оракул не верит, не следует гадать, т. к. Оракул все равно не скажет вам правды.

4. Узнаешь то, что от тебя долго скрывали.
5. Новое полезное знакомство.
6. Денежное затруднение.
7. Любовная связь.
8. Скомпрометируете себя.
9. Поменяете работу.
10. Выиграешь дело.
11. Получишь интересное предложение.
12. Улучшатся финансовые дела.
13. Купишь то, о чем давно мечтала.
14. Попадешь в ловушку врагов.
15. Наконец удача тебе улыбнется.
16. Испортишь отношения с подругой.
17. Добьешься обещанного.
18. Забота о ребенке.
19. Кража.
20. Вероятность падения и травмы.
21. Появятся недоброжелатели.
22. Допустишь серьезную ошибку.
23. Поймаешь удачу за хвост.
24. Разрушишь то, чем дорожила.
25. Начнешь новое дело.
26. Влезешь в долги.
27. Влюбишься по уши.
28. Тобой снова воспользуются.
29. Победишь все неприятности.
30. Почувствуешь себя королевой.

Ночное судьбинное гадание «Кассандра», или Оракул Кассандры*

Стоит ли просить помощи у родственников?

1	2	3	4	5	6
7	8	9	10	11	12
13	14	15	16	17	18
19	20	21	22	23	24
25	26	27	28	29	30

Ответы

1. Обязательно обратись.
2. Это тебе выйдет боком.
3. А кто еще тебе может помочь?

---

* Помните:
- Нельзя задавать один и тот же вопрос несколько раз.
- Задавать вопрос Оракулу нужно только в одиночестве.
- Гадание по этому Оракулу возможно только ночью.
- Во время гадания нельзя произносить бранных слов, чтобы не оскорбить дух Кассандры.
- Тому, кто в Оракул не верит, не следует гадать, т. к. Оракул все равно не скажет вам правды.

4. Сейчас как раз благоприятный момент.

5. Глупая затея.

6. Им бы кто помог.

7. Вспомни, они хоть раз тебе помогли?

8. А чем они тебе помогут?

9. Придумай что-нибудь другое.

10. Хорошая мысль.

11. Они бы рады, да не смогут.

12. Ты им помогала, теперь пусть они помогут тебе.

13. Тебе самой-то не смешно?

14. Ну, ты и придумала тоже.

15. Помогут, жди…

16. Помогут только советом.

17. Напрасные надежды.

18. Лучше у чужих попроси.

19. Обойдешься и без их помощи.

20. Зря сходишь, только сплетни пойдут.

21. Если больше не у кого просить, попроси у них.

22. С миру по нитке наберешь.

23. Какая ты наивная, как ребенок.

24. Они помогут, не сомневайся.

25. Отчего же не рискнуть.

26. Займи лучше у подруг.

27. Постарайся обойтись без их помощи.

28. Хоть чем-то да помогут — проси.

29. Помогут с радостью.

30. Ты и сама все знаешь…

Ночное судьбинное гадание «Кассандра», или Оракул Кассандры*

Нравлюсь ли я мужчинам?

1	2	3	4	5	6
7	8	9	10	11	12
13	14	15	16	17	18
19	20	21	22	23	24
25	26	27	28	29	30

Ответы

1. Раньше нравилась больше.
2. Они от тебя без ума.
3. Спроси их сама.

---

* Помните:
- Нельзя задавать один и тот же вопрос несколько раз.
- Задавать вопрос Оракулу нужно только в одиночестве.
- Гадание по этому Оракулу возможно только ночью.
- Во время гадания нельзя произносить бранных слов, чтобы не оскорбить дух Кассандры.
- Тому, кто в Оракул не верит, не следует гадать, т. к. Оракул все равно не скажет вам правды.

4. Еще как.
5. Едва ли.
6. Особенно твой характер.
7. Не всем.
8. Сперва бегают за тобой, а потом от тебя.
9. Бабушка надвое сказала.
10. Ты не можешь не нравиться.
11. Одному точно нравишься.
12. Как такая может не понравиться.
13. Первое время нравишься.
14. Когда на столе бутылка.
15. Тебе виднее.
16. Каждый хочет тебя обнять.
17. Им нравятся твои деньги.
18. Если б нравилась, не была бы одна.
19. Считают тебя легкомысленной особой.
20. Они с тобой отводят душу.
21. Кто-нибудь да полюбит.
22. Они к тебе толпой, как мартовские коты, идут.
23. Одна не останешься.
24. Лишь бы вечер провести.
25. Твои подруги им меньше нравятся.
26. Ты хороша на любой вкус.
27. Так нравишься, что с первого свидания убегают.
28. Им нравится твоя фигура.
29. Сомнений не может быть.
30. Не смей в этом сомневаться.

Ночное судьбинное гадание «Кассандра», или Оракул Кассандры*

Нравлюсь ли я дамам?

1	2	3	4	5	6
7	8	9	10	11	12
13	14	15	16	17	18
19	20	21	22	23	24
25	26	27	28	29	30

Ответы

1. Многие по тебе плачут.
2. Ты больно неприступен.
3. Про тебя ходят слухи, что ты дамский угодник.

---

* Помните:
   • Нельзя задавать один и тот же вопрос несколько раз.
   • Задавать вопрос Оракулу нужно только в одиночестве.
   • Гадание по этому Оракулу возможно только ночью.
   • Во время гадания нельзя произносить бранных слов, чтобы не оскорбить дух Кассандры.
   • Тому, кто в Оракул не верит, не следует гадать, т. к. Оракул все равно не скажет вам правды.

4. Каждая желает тебя заполучить.

5. Кому нравишься, кому нет.

6. Кто хочет в мужья такого, как ты?

7. Сомнительно.

8. Вздыхают по тебе украдкой.

9. Конечно же, ты нравишься.

10. Мало кому нравится бабник.

11. Нравишься, но бобылем останешься.

12. Кому нужен бедняк?

13. В зависимости от вкуса.

14. Любая за тебя замуж бегом побежит.

15. Едва ли.

16. Скоро тебя захомутают и кучу детей тебе нарожают.

17. Даже и внимания не обращают.

18. Веди себя прилично, тогда понравишься.

19. Ты на себя давно в зеркало глядел?

20. Не долго тебе ходить холостым.

21. Такой ясный сокол люб любой.

22. Одевайся лучше — и глядеть начнут.

23. Девицам надо подарки дарить и почаще о любви говорить.

24. Нет, не нравишься.

25. Ты не глуп, не скуп, не кривой и в меру богат. Так почему же тебя не любить?

26. Больно ты робок, таких не любят.

27. Ходят слухи, что ты гол, как сокол, вот тебя и не замечают.

28. Все засматриваются на твои ясные очи.

29. Среди твоих друзей ты самый пригожий.

30. Не будь кокеткой, не задавай глупых вопросов.

Ночное судьбинное гадание «Кассандра», или Оракул Кассандры*

Хороша ли будет моя сноха?

1	2	3	4	5	6
7	8	9	10	11	12
13	14	15	16	17	18
19	20	21	22	23	24
25	26	27	28	29	30

Ответы

1. У хорошей свекрови и сноха королевна.
2. Такая будет, как и твой сынок.
3. Не хуже твоего сына.

---

* Помните:
- Нельзя задавать один и тот же вопрос несколько раз.
- Задавать вопрос Оракулу нужно только в одиночестве.
- Гадание по этому Оракулу возможно только ночью.
- Во время гадания нельзя произносить бранных слов, чтобы не оскорбить дух Кассандры.
- Тому, кто в Оракул не верит, не следует гадать, т. к. Оракул все равно не скажет вам правды.

4. Какую сын выберет, ту и люби.

5. Лентяйка и неряха.

6. На пиру пригожая, в миру ни на что не похожая.

7. Красива, но глупа.

8. Скромная и милая, вся в тебя.

9. Худа будет больно, корми лучше.

10. Раскрасавица.

11. Избалована своими родителями.

12. Поживет с тобой — ума наживет.

13. Тебе дай любую — никакая не угодит.

14. Бессловесная рабыня для тебя и твоего мужа.

15. Всех выживет из вашего дома.

16. Как ты к ней, так и она к тебе.

17. С ней ты уживешься, а с ее матерью нет.

18. Она вас всех по миру пустит.

19. Не ссорься с ней, она в старости это припомнит.

20. Внуков нарожает, и лучше ее не будет.

21. Ты сперва попробуй сына женить.

22. У тебя этих снох пятеро будет.

23. Слабенькая здоровьем.

24. Она вам покажет кузькину мать.

25. Главное, что с ней твой сын остепенится.

26. Будешь ею гордиться.

27. Сыну по нраву, а тебе какая разница?

28. Она тебе дочь заменит.

29. Таких хороших очень мало.

30. Не бойся, не прогадаешь!

Ночное судьбинное гадание «Кассандра», или Оракул Кассандры*

Всегда ли я буду любима мужем?

1	2	3	4	5	6
7	8	9	10	11	12
13	14	15	16	17	18
19	20	21	22	23	24
25	26	27	28	29	30

Ответы

1. Да, всегда, сколько бы ни прошло лет.
2. Еще семь лет, и совсем разлюбит.
3. Он уже к тебе остыл.

---

* Помните:
- Нельзя задавать один и тот же вопрос несколько раз.
- Задавать вопрос Оракулу нужно только в одиночестве.
- Гадание по этому Оракулу возможно только ночью.
- Во время гадания нельзя произносить бранных слов, чтобы не оскорбить дух Кассандры.
- Тому, кто в Оракул не верит, не следует гадать, т. к. Оракул все равно не скажет вам правды.

4. От тебя зависит.

5. До тех пор, пока не полюбит другую.

6. Ему никого, кроме тебя, не нужно.

7. Он однолюб.

8. Такой, как он, любить долго не сможет.

9. Если начнет пить, то забудет.

10. Через три года станешь постылой.

11. Ты знаешь сама.

12. Сразу двух любить невозможно.

13. Не оставляй его одного надолго.

14. Разлюбит после поездки.

15. Она уже рядом с ним.

16. Он предан тебе до гроба.

17. Ты для него абсолютно все.

18. Кобель, он и есть кобель!

19. Любил, любит и будет любить всегда!

20. Он от одного твоего взгляда до сих пор хмелеет.

21. Так, как он тебя любит, теперь уже никто не любит.

22. Сердце его к тебе охладело давно.

23. Вспомни, когда он тебе о любви говорил, когда алые розы дарил?

24. Не думай о глупостях, чай уже не девчонка!

25. Вместе век проживете и в одно мгновение умрете.

26. Он тебя боготворит и гордится тобой.

27. Если он мало говорит о любви — это еще ничего не значит.

28. Живи спокойно: он тебя будет любить всегда.

29. Невозможно такую, как ты, не любить.

30. Очень любит и никогда не разлюбит.

Ночное судьбинное гадание «Кассандра», или Оракул Кассандры*

Он сказал правду или нет?

1	2	3	4	5	6
7	8	9	10	11	12
13	14	15	16	17	18
19	20	21	22	23	24
25	26	27	28	29	30

Ответы

1. Иногда можно и солгать.
2. Обманул чуть-чуть.
3. Скрыл правду, чтобы ты не ругалась.

---

* Помните:
  - Нельзя задавать один и тот же вопрос несколько раз.
  - Задавать вопрос Оракулу нужно только в одиночестве.
  - Гадание по этому Оракулу возможно только ночью.
  - Во время гадания нельзя произносить бранных слов, чтобы не оскорбить дух Кассандры.
  - Тому, кто в Оракул не верит, не следует гадать, т. к. Оракул все равно не скажет вам правды.

4. Он тебя бережет, не хочет огорчать.
5. Конечно же, слукавил.
6. А ты разве никогда не врешь?
7. Нет людей, которые не лгут.
8. Бывает ложь во спасенье.
9. Подумаешь, правды не сказал...
10. Не докапывайся и не ищи правду, иначе потеряешь любовь.
11. Глупо подозревать по пустякам.
12. Соврал и еще соврет.
13. Правды между вами давно уже нет.
14. А ты иголки ему под ногти и пяточки на уголек!
15. Недоброжелатели расскажут.
16. Он просто боится тебя.
17. Иногда лучше правду не знать.
18. Святая простота — какой муж не врет!
19. Не торопись делать выводы.
20. Подумай и рассуди, в этом нет ничего страшного.
21. Тебе не терпится поскандалить.
22. Он вынужден лгать.
23. Не приставай к нему с вопросом, не то останешься с носом.
24. Крепко в том сомневаюсь.
25. Верь ему, как себе.
26. Не будь занудой.
27. Забудь, он просто боится тебя потерять.
28. Поговори с ним еще раз, но не скандаль.
29. Уже нет смысла об этом думать.
30. Он пред тобою чист.

Ночное судьбинное гадание «Кассандра», или Оракул Кассандры*

Я нравлюсь или мое богатство?

1	2	3	4	5	6
7	8	9	10	11	12
13	14	15	16	17	18
19	20	21	22	23	24
25	26	27	28	29	30

Ответы

1. И ты, и твое богатство!
2. А ты как думаешь?
3. Тебя и без богатства любить можно.

---

* Помните:
- Нельзя задавать один и тот же вопрос несколько раз.
- Задавать вопрос Оракулу нужно только в одиночестве.
- Гадание по этому Оракулу возможно только ночью.
- Во время гадания нельзя произносить бранных слов, чтобы не оскорбить дух Кассандры.
- Тому, кто в Оракул не верит, не следует гадать, т. к. Оракул все равно не скажет вам правды.

4. Ему просто повезло, да и тебе тоже.

5. Разве плохо иметь и то, и другое.

6. Он любил бы тебя и нищей.

7. Ты же ангел, как тебя не любить.

8. Зачем ты об этом думаешь, все это вздор.

9. Сперва понравилось приданое, но потом полюбил.

10. За одни твои глазки он все богатство отдаст.

11. У богатых всегда подобные подозрения.

12. Бывают и еще богаче, но он все-таки выбрал тебя.

13. Он искренне тебя любит.

14. Ты же знаешь, он не жадный, а значит, искренне влюблен.

15. Не стоит об этом думать.

16. Не все измеряется богатством.

17. Замучаешь себя подозрением — и совершенно зря.

18. Он взял бы тебя под венец, даже если б ты жила в нищете.

19. Он такой славный, а ты так о нем думаешь.

20. Ты просто помешалась на своих деньгах.

21. Вышла замуж, так живи.

22. Эти мысли тебя недостойны.

23. Допечешь его, и он сбежит.

24. Откуда такие комплексы?

25. Нужно было думать об этом раньше.

26. Ему нравится быть богатым.

27. Посмотри в его глаза и все поймешь.

28. А кто бы отказался от подобной удачи?

29. Хочешь проверить, отдай все богатство в монастырь.

30. Думай не о деньгах, а о семье.

Ночное судьбинное гадание «Кассандра», или Оракул Кассандры*

Как мне отделаться от этого предложения?

1	2	3	4	5	6
7	8	9	10	11	12
13	14	15	16	17	18
19	20	21	22	23	24
25	26	27	28	29	30

Ответы

1. Просто откажитесь.
2. Откинь стыдливость и откажись.
3. Откажи так, чтобы больше не предлагали.

---

* Помните:
- Нельзя задавать один и тот же вопрос несколько раз.
- Задавать вопрос Оракулу нужно только в одиночестве.
- Гадание по этому Оракулу возможно только ночью.
- Во время гадания нельзя произносить бранных слов, чтобы не оскорбить дух Кассандры.
- Тому, кто в Оракул не верит, не следует гадать, т. к. Оракул все равно не скажет вам правды.

4. Не хочешь неприятностей — откажись.

5. Заяви об этом при своем муже.

6. Поделись своей проблемой с близким человеком.

7. Без комментариев, возьми и откажи.

8. Очень решительно, глядя в глаза этому человеку.

9. Сообщи письменно.

10. Не бойся, возьми и откажись.

11. Как все, так и ты.

12. Это нетрудно, возьми и откажись.

13. С улыбкой на устах заяви о своем отказе.

14. Не раздумывая и сразу.

15. Найди к этому силы.

16. Ты смелая, у тебя все получится.

17. А надо ли отказываться?

18. Если не согласишься, второй раз уже не предложат.

19. Если не хочешь, просто откажись.

20. Не церемонясь и без всяких объяснений.

21. Не нагоняй на себя страху, просто возьми и откажись.

22. Может, не стоит отказываться от предложения?

23. Насильно тебя не заставят.

24. Скажи, что не разрешает муж.

25. Скажи, что не разрешают родители.

26. Ничего не объясняй, просто откажись.

27. Не трусь, возьми и отклони предложение.

28. Скажи, что пока еще к этому не готова.

29. Может, лучше согласиться?

30. Скажи так: «Через год я была бы рада, а пока я еще не готова».

Ночное судьбинное гадание «Кассандра», или Оракул Кассандры*

Кто из супругов умрет первым?

1	2	3	4	5	6
7	8	9	10	11	12
13	14	15	16	17	18
19	20	21	22	23	24
25	26	27	28	29	30

Ответы

1. Она станет вдовой.
2. Ему останутся дети и слезы.
3. Жена.

---

* Помните:
  * Нельзя задавать один и тот же вопрос несколько раз.
  * Задавать вопрос Оракулу нужно только в одиночестве.
  * Гадание по этому Оракулу возможно только ночью.
  * Во время гадания нельзя произносить бранных слов, чтобы не оскорбить дух Кассандры.
  * Тому, кто в Оракул не верит, не следует гадать, т. к. Оракул все равно не скажет вам правды.

4. Сначала она, а потом он.
5. Он ляжет спать, да и не проснется.
6. Муж рано овдовеет.
7. Он умрет, будучи пьяным.
8. Она всех мужей перехоронит.
9. Умрут в один день.
10. Она его оставит.
11. Он схоронит и тут же женится.
12. Она может шить черное платье.
13. Зачем думать о том, что будет не скоро.
14. Они уйдут один за другим.
15. Тебе лучше этого не знать.
16. Она недолго будет горевать.
17. Доживут оба до глубокой старости, но она умрет прежде.
18. Она ему закроет глаза.
19. Муж.
20. Он будет над гробом рыдать.
21. Жена умрет, а муж проживет еще долго.
22. Копить будут вместе, а тратить будет он один.
23. Муж скоро умрет.
24. Обоих хоронить будут.
25. Жена умрет с горя, прежде мужа.
26. Муж в гроб, а жена под венец.
27. Перестань об этом думать, не навлекай беду.
28. Она схоронит и вздохнет с облегчением.
29. Мужа убьют.
30. Один другого догонит.

Ночное судьбинное гадание «Кассандра», или Оракул Кассандры*

Истинная ли мне подруга (такая-то)?

1	2	3	4	5	6
7	8	9	10	11	12
13	14	15	16	17	18
19	20	21	22	23	24
25	26	27	28	29	30

Ответы

1. До поры до времени.
2. Займи денег и потом поймешь.
3. Не плохая, но держи ухо востро!

---

* Помните:
 • Нельзя задавать один и тот же вопрос несколько раз.
 • Задавать вопрос Оракулу нужно только в одиночестве.
 • Гадание по этому Оракулу возможно только ночью.
 • Во время гадания нельзя произносить бранных слов, чтобы не оскорбить дух Кассандры.
 • Тому, кто в Оракул не верит, не следует гадать, т. к. Оракул все равно не скажет вам правды.

4. Нет, и в этом ты со временем убедишься.

5. Лучше не бывает.

6. А где ты другую найдешь?

7. Она злоупотребляет твоей добротой.

8. Не верь ей ни в чем.

9. Она, как твое отражение.

10. Хитрей этой особы не бывает.

11. Скоро вас судьба разведет.

12. У тебя другой все равно нет.

13. Ее доброта тебе не нужна.

14. Она подведет тебя под монастырь.

15. Тебе повезло с твоей подругой.

16. Зря ты не слушала свою мать.

17. Благодаря ей ты потеряешь авторитет.

18. Подойдет час, и вы с ней расстанетесь врагами.

19. Она не хуже, чем ты.

20. Пока она с тобой рядом, любви не будет.

21. Не связывайся с ней.

22. Надейся на нее, как на себя.

23. Если бы не она, ты бы не осталась одна.

24. Вы еще с ней раздеретесь.

25. Ты ее умней и красивей, она тебе этого не простит.

26. Там, где вы бываете вместе, тебя люди не замечают.

27. Ты уже без нее не можешь, а тебе это надо?

28. Все неприятности только из-за нее!

29. Она тебе делает порчу.

30. Подруга-то неплохая, но больно глазлива.

Ночное судьбинное гадание «Кассандра», или Оракул Кассандры*

Истинный ли мне товарищ (такой-то)?

1	2	3	4	5	6
7	8	9	10	11	12
13	14	15	16	17	18
19	20	21	22	23	24
25	26	27	28	29	30

Ответы

1. Такой, какого ты заслуживаешь.
2. Он тебе не товарищ.
3. Весь мир обойдешь, хуже друга не найдешь.

---

* Помните:
- Нельзя задавать один и тот же вопрос несколько раз.
- Задавать вопрос Оракулу нужно только в одиночестве.
- Гадание по этому Оракулу возможно только ночью.
- Во время гадания нельзя произносить бранных слов, чтобы не оскорбить дух Кассандры.
- Тому, кто в Оракул не верит, не следует гадать, т. к. Оракул все равно не скажет вам правды.

4. Можешь на него положиться во всем.

5. Этот товарищ поглядывает на твою даму.

6. Предаст при первой возможности.

7. Вы не товарищи, а собутыльники.

8. Внимательно к нему присмотрись.

9. Продаст тебя за три рубля.

10. Он за тебя на смерть пойдет.

11. Пожалуй, да.

12. Это вряд ли.

13. Он к тебе ходит со своей выгодой.

14. Даже и не сомневайся.

15. Ну какой он тебе друг?

16. Он столько для тебя сделал, а ты сомневаешься.

17. Таких друзей очень мало.

18. Со временем вы сильно поссоритесь.

19. Женитесь и друг о друге забудете.

20. Дружи, только денег не занимай.

21. Недолго вам вместе быть.

22. Не попади из-за него под суд.

23. Лучше вам не дружить.

24. Твой друг рано умрет.

25. Без друзей тоже плохо.

26. Он печется о твоем благополучии.

27. Из-за девушки дружба разладится.

28. Ты к нему с доверием, а он обманет.

29. У него доброе сердце и преданная душа.

30. Он сам будет погибать и тебя потянет.

Ночное судьбинное гадание «Кассандра», или Оракул Кассандры*

Здоров ли (такой-то) человек?

1	2	3	4	5	6
7	8	9	10	11	12
13	14	15	16	17	18
19	20	21	22	23	24
25	26	27	28	29	30

Ответы

1. Пока здоров.
2. Болеет через день.
3. Ему некогда болеть, надо трудиться.

---

* Помните:
  • Нельзя задавать один и тот же вопрос несколько раз.
  • Задавать вопрос Оракулу нужно только в одиночестве.
  • Гадание по этому Оракулу возможно только ночью.
  • Во время гадания нельзя произносить бранных слов, чтобы не оскорбить дух Кассандры.
  • Тому, кто в Оракул не верит, не следует гадать, т. к. Оракул все равно не скажет вам правды.

4. Нынче не хворает, а через год заболеет.

5. Скоро обнаружится наследственная болезнь.

6. Тебя еще переживет!

7. О себе лучше беспокойся.

8. Не болел бы, если б себя жалел.

9. Как не болеть, если столько печалей?

10. Не так чтобы сильно.

11. Уже выздоровел.

12. Его болезнь может вылечить любовь и забота.

13. Этот человек крепок как дуб.

14. Кто же сейчас не хворает?

15. Нужно снять порчу — и все наладится.

16. Идет на поправку.

17. Он сам себе болезни находит.

18. Ничего, не кашляет.

19. В этом человеке гнездится всякая хворь.

20. Перенесет вскоре заразную болезнь.

21. От хвори ему не умирать.

22. Болезнь уже расцветает.

23. Тело здорово, а душа болит.

24. Будет болеть, пока Бог не смилуется.

25. Вовремя полечится и не умрет.

26. Он и больной носится как заводной.

27. Что спрашивать — сходи проведай.

28. Животом мается.

29. Замучила его хандра.

30. Полежит и встанет.

Ночное судьбинное гадание «Кассандра», или Оракул Кассандры*

В здравии ли (такая-то) или нет?

1	2	3	4	5	6
7	8	9	10	11	12
13	14	15	16	17	18
19	20	21	22	23	24
25	26	27	28	29	30

Ответы

1. Бегает как молодая.
2. Слава Богу, здорова.
3. У нее женские болезни.

---

* Помните:
  - Нельзя задавать один и тот же вопрос несколько раз.
  - Задавать вопрос Оракулу нужно только в одиночестве.
  - Гадание по этому Оракулу возможно только ночью.
  - Во время гадания нельзя произносить бранных слов, чтобы не оскорбить дух Кассандры.
  - Тому, кто в Оракул не верит, не следует гадать, т. к. Оракул все равно не скажет вам правды.

4. Она любит ходить к врачам.

5. Любовь ее извела.

6. Ей делает порчу соперница.

7. В этом году часто хворает.

8. Она не жалуется.

9. Если б не бедность, она бы не маялась.

10. Ленива больно — вот и лежит.

11. Иссушила ее ревность и тоска.

12. Вероломство ее доконало.

13. Болезни ее от тяжелого труда.

14. Душа ее потемки — ничего не говорит.

15. Она о себе не заботится, а тебе это надо?

16. Сама на свою голову проблему нашла.

17. Болезнь вроде не заразная.

18. Она злоупотребляет твоей заботой.

19. Так скоро захворает, что, возможно, не выберется.

20. Нет, она весела и резва.

21. Пьет украдкой лекарства.

22. Через семь лет сляжет.

23. Все нормально, не беспокойся.

24. Не умрет.

25. Она крепкая и все выдержит.

26. Не жалуется на здоровье.

27. Заболеет и не выживет.

28. Мучают частые простуды.

29. У нее жизнь очень долгая.

30. Обычная простуда.

Ночное судьбинное гадание «Кассандра», или Оракул Кассандры*

Зять будет уважать вас или нет?

1	2	3	4	5	6
7	8	9	10	11	12
13	14	15	16	17	18
19	20	21	22	23	24
25	26	27	28	29	30

Ответы

1. Он своих родителей не уважает, а вы кто ему?
2. Сперва да.
3. Будет почтительным и заботливым сыном.

---

* Помните:
- Нельзя задавать один и тот же вопрос несколько раз.
- Задавать вопрос Оракулу нужно только в одиночестве.
- Гадание по этому Оракулу возможно только ночью.
- Во время гадания нельзя произносить бранных слов, чтобы не оскорбить дух Кассандры.
- Тому, кто в Оракул не верит, не следует гадать, т. к. Оракул все равно не скажет вам правды.

4. Пока ему это выгодно.

5. Через пару лет он вам покажет.

6. Дочь вашу пока любит, будет и вас уважать.

7. Ему хотелось бы родню побогаче.

8. Давайте больше деньжат — больше будет любить.

9. За что он должен вас любить?

10. Вы сами виноваты в его отношении.

11. Будьте к нему ласковее, и он подобреет.

12. Теща, пеки чаще блины и пироги, и зять вами будет доволен!

13. Он и первых тещу с тестом уважал.

14. Недолго будет уважать…

15. Не лезь к нему в семью, и уважать будет.

16. Он действительно вас уважает.

17. Не командуйте — и будет уважать.

18. Делает вид, что уважает.

19. Мало к кому так относятся, как он к вашей родне.

20. Учите свою дочь уму-разуму, а не его, тогда и он уважать вас будет.

21. Впереди у вас трудные отношения.

22. Хочет жить с вами в мире.

23. Он вам не доверяет.

24. Лишь бы он жену уважал и любил.

25. Неплохо к вам относится.

26. Реже к ним ходите — и будет мир.

27. Вас нельзя не уважать.

28. Не читайте ему мораль, и он будет благодарен вам.

29. Он даже скучает по вам.

30. Мысленно вас ругает, хорошо, что не вслух.

Ночное судьбинное гадание «Кассандра», или Оракул Кассандры*

Изменяет ли мне (такой-то) человек?

1	2	3	4	5	6
7	8	9	10	11	12
13	14	15	16	17	18
19	20	21	22	23	24
25	26	27	28	29	30

Ответы

1. Не смейте подозревать честного человека.
2. Да, иногда изменяет.
3. Очень редко.

---

* Помните:
  • Нельзя задавать один и тот же вопрос несколько раз.
  • Задавать вопрос Оракулу нужно только в одиночестве.
  • Гадание по этому Оракулу возможно только ночью.
  • Во время гадания нельзя произносить бранных слов, чтобы не оскорбить дух Кассандры.
  • Тому, кто в Оракул не верит, не следует гадать, т. к. Оракул все равно не скажет вам правды.

4. Нет, этот человек вам верен.

5. Любит и очень верен.

6. Такой человек не способен на подлость.

7. Это было на пьяную голову.

8. Один раз из любопытства.

9. Никогда не изменяет.

10. Вы зря ревнуете.

11. Советую проследить.

12. Пока нет, но скоро будет.

13. Впереди ужасный соблазн!

14. Вы сами на это толкаете.

15. Он кристально чист перед вами.

16. А кто нынче не изменяет.

17. Только в мечтах.

18. Хотел бы, но не сможет.

19. Кровь бурлит, вот и изменяет.

20. А не вы ли сделали так, чтобы не изменял?

21. В старости гулять будет, а пока нет.

22. Только для того, чтобы вам доказать.

23. Не пускайте на вечеринки — и измены не будет.

24. Подумаешь, разве это такая уж вина?

25. Не устраивай выяснений, совсем уйдет.

26. Если что-то и было, давно уж прошло.

27. Любит страстно, потому не изменяет.

28. Даже в голове этого не держит.

29. На себя лучше посмотри.

30. Скромность и воспитание не позволяют.

Ночное судьбинное гадание «Кассандра», или Оракул Кассандры*

Отыщется ли моя пропажа?

1	2	3	4	5	6
7	8	9	10	11	12
13	14	15	16	17	18
19	20	21	22	23	24
25	26	27	28	29	30

Ответы

1. Она у тебя в доме.

2. То, что украли, давно перепродали.

3. Узнаешь о судьбе пропажи спустя десять лет.

---

* Помните:
- Нельзя задавать один и тот же вопрос несколько раз.
- Задавать вопрос Оракулу нужно только в одиночестве.
- Гадание по этому Оракулу возможно только ночью.
- Во время гадания нельзя произносить бранных слов, чтобы не оскорбить дух Кассандры.
- Тому, кто в Оракул не верит, не следует гадать, т. к. Оракул все равно не скажет вам правды.

4. Что с воза упало, то пропало.
5. Непременно найдешь.
6. Ищи и найдешь.
7. Она и не терялась.
8. Не такая уж ценность, чтобы так переживать.
9. Поищи у соседей.
10. Плюнь и забудь.
11. Твое добро в руках близкого человека.
12. Не сыщешь, в другой раз лучше прячь.
13. Не для того брали, чтоб возвращать.
14. Вещь в залоге.
15. Все уже продано и пропито.
16. Не страдай, отыщешь.
17. Вор больно ловок — не ищи.
18. Было бы о чем плакать.
19. Подумай лучше, куда положила.
20. Кого чаем поила, тот и взял.
21. Ты сама в этом виновата.
22. Тебе не привыкать сперва терять, а потом находить.
23. Виновен тот, кому больше всех доверяла.
24. Взял твое добро чужой человек.
25. Подальше положишь, поближе возьмешь.
26. У тараканов по углам поищи…
27. Не найдешь, не ищи.
28. Никто ничего не воровал, поищи…
29. Скажи: «Черт, черт, поиграй и отдай!»
30. Потеря твоя найдется.

Ночное судьбинное гадание «Кассандра», или Оракул Кассандры*

Сбудется ли моя мечта?

1	2	3	4	5	6
7	8	9	10	11	12
13	14	15	16	17	18
19	20	21	22	23	24
25	26	27	28	29	30

Ответы

1. Даже и не жди.
2. Один Господь знает.
3. Ты слишком много хочешь.

---

* Помните:
  • Нельзя задавать один и тот же вопрос несколько раз.
  • Задавать вопрос Оракулу нужно только в одиночестве.
  • Гадание по этому Оракулу возможно только ночью.
  • Во время гадания нельзя произносить бранных слов, чтобы не оскорбить дух Кассандры.
  • Тому, кто в Оракул не верит, не следует гадать, т. к. Оракул все равно не скажет вам правды.

4. Без всякого сомнения.
5. Едва ли.
6. Почему бы и нет.
7. Что хочешь, то получишь.
8. Твоя мечта сбудется.
9. Надеешься напрасно.
10. Исполнится, но не так скоро.
11. Ты торопишь события.
12. Молись и получишь.
13. Жди у моря погоды.
14. Кто ждет, тот дождется.
15. Есть тому препятствия.
16. Нет.
17. Будешь разочарована.
18. Не по Сеньке шапка.
19. Сомневаюсь очень сильно.
20. Если будешь более благоразумна.
21. Еще бы!
22. Ты требуешь у судьбы лишнего.
23. После дождичка в четверг.
24. Ожидания твои сбудутся.
25. Да!
26. Вот уж не думаю.
27. Скорей, чем ты думаешь.
28. Твое упрямство в этом поможет.
29. Это зависит от многого.
30. Если очень хорошо постараешься.

Ночное судьбинное гадание «Кассандра», или Оракул Кассандры*

Стоит ли мне начать судиться?

1	2	3	4	5	6
7	8	9	10	11	12
13	14	15	16	17	18
19	20	21	22	23	24
25	26	27	28	29	30

Ответы

1. Меньше приобретешь, чем потом потеряешь.
2. Не стоит судиться, лучше прости.
3. Овчинка выделки не стоит.

---

* Помните:
   • Нельзя задавать один и тот же вопрос несколько раз.
   • Задавать вопрос Оракулу нужно только в одиночестве.
   • Гадание по этому Оракулу возможно только ночью.
   • Во время гадания нельзя произносить бранных слов, чтобы не оскорбить дух Кассандры.
   • Тому, кто в Оракул не верит, не следует гадать, т. к. Оракул все равно не скажет вам правды.

4. Суд будет не в твою пользу.

5. Не наживай себе врагов.

6. Это тебе навредит.

7. Суд будет куплен.

8. Хочешь судьбу испытать — судись!

9. Ты тогда до суда не доживешь.

10. Пожалей свои нервы.

11. Больше будет расходов, чем доходов.

12. Тебе это надо?

13. Я бы не стала этого делать.

14. Ты что, хочешь войны?

15. Отчего же не попробовать?

16. Плюнь на все и забудь.

17. Не суди и не будешь судима.

18. Суд будет скор и несправедлив.

19. Суд и так будет, хочешь ты этого или нет!

20. После суда будет еще тяжелей.

21. Ты ведь уже все решила.

22. Хочешь, чтобы враги ликовали, — судись.

23. Сама потом пожалеешь.

24. Сейчас нет справедливости в суде.

25. Обязательно судись.

26. Положись на суд Божий, он будет справедлив!

27. Что тут размышлять — действуй.

28. Когда пойдешь судиться, о родных подумай.

29. Если деньги есть для судьи, то судись.

30. Ты обязательно выиграешь дело.

Ночное судьбинное гадание «Кассандра», или Оракул Кассандры*

Тот, кто от меня далеко, скучает обо мне или нет?

1	2	3	4	5	6
7	8	9	10	11	12
13	14	15	16	17	18
19	20	21	22	23	24
25	26	27	28	29	30

Ответы

1. Ему не до тебя.
2. Глаза не просыхают.

---

*   Помните:
  • Нельзя задавать один и тот же вопрос несколько раз.
  • Задавать вопрос Оракулу нужно только в одиночестве.
  • Гадание по этому Оракулу возможно только ночью.
  • Во время гадания нельзя произносить бранных слов, чтобы не оскорбить дух Кассандры.
  • Тому, кто в Оракул не верит, не следует гадать, т. к. Оракул все равно не скажет вам правды.

3. Думает день и ночь.

4. Жалеет, что расстались.

5. От ревности готов лезть в петлю.

6. Весь извелся.

7. Тоскует и ревнует.

8. У него уже другая подружка.

9. Хочет видеть.

10. Заливает свое горе вином.

11. В тоске по вам пишет стихи.

12. Наплясывает на вечеринках.

13. Хочет слышать ваш голос, но упрям.

14. Скоро не выдержит и вернется.

15. Будет у ваших ног.

16. Прилетит ласточкой.

17. Рад, что расстались.

18. Если вы позовете, он все бросит.

19. Он безумно рад вашей ссоре.

20. Ему не о чем скучать.

21. Уехал по совету родных навсегда.

22. Он не выходит от гадалок.

23. Ему уж другая сосватана.

24. Ждет вашего письма с извинениями.

25. Он уже вернулся.

26. Грустить некогда, он весь в трудах.

27. На его коленях сидит новая пассия.

28. Сей господин обозлен и вас ненавидит.

29. На днях вернется назад.

30. Он борется со своей тоской.

Ночное судьбинное гадание «Кассандра», или Оракул Кассандры*

Удачна ли будет свадьба?

1	2	3	4	5	6
7	8	9	10	11	12
13	14	15	16	17	18
19	20	21	22	23	24
25	26	27	28	29	30

Ответы

1. Лучшей свадьбы не видел свет.
2. На свадьбе раздерутся гости.
3. Свадьба себя не оправдает.

---

* Помните:
- Нельзя задавать один и тот же вопрос несколько раз.
- Задавать вопрос Оракулу нужно только в одиночестве.
- Гадание по этому Оракулу возможно только ночью.
- Во время гадания нельзя произносить бранных слов, чтобы не оскорбить дух Кассандры.
- Тому, кто в Оракул не верит, не следует гадать, т. к. Оракул все равно не скажет вам правды.

4. Гости будут довольны.
5. Подарки будут так себе.
6. Не поскупишься, тогда свадьба удастся.
7. Напьются и раздерутся.
8. Половина гостей не придут.
9. Будут лопать и ногами топать.
10. Веселая будет свадьба.
11. Гости останутся недовольны.
12. Родня жениха будет приданым недовольна.
13. На свадьбе случится кража.
14. Не очень.
15. Все будут очень довольны.
16. Скучная свадьба, как на похоронах.
17. Не свадьба, а бардак.
18. На всех не угодишь.
19. Много будет дорогих подарков.
20. Лишь бы жениху и невесте понравилось.
21. Стариков много, молодежи мало.
22. Какая же это свадьба — три человека.
23. Мяса мало — водки много!
24. Скукотища.
25. Что за свадьба без драки?
26. Истрачено будет больше, чем подарят.
27. Будет славная свадьба.
28. Замечательная свадьба.
29. Если нет венчания, то это не свадьба.
30. Главное не это, а чтобы жениха с невестой не сглази-
    ли.

Ночное судьбинное гадание «Кассандра», или Оракул Кассандры*

Купить мне (это) или нет?

1	2	3	4	5	6
7	8	9	10	11	12
13	14	15	16	17	18
19	20	21	22	23	24
25	26	27	28	29	30

Ответы

1. Купи, все равно деньги разойдутся.
2. Купишь, потом не продашь.
3. Трать деньги, коль некуда их девать.

---

* Помните:
- Нельзя задавать один и тот же вопрос несколько раз.
- Задавать вопрос Оракулу нужно только в одиночестве.
- Гадание по этому Оракулу возможно только ночью.
- Во время гадания нельзя произносить бранных слов, чтобы не оскорбить дух Кассандры.
- Тому, кто в Оракул не верит, не следует гадать, т. к. Оракул все равно не скажет вам правды.

4. Не бери. Купленное впрок не пойдет.

5. Обязательно купи, порадуй душу.

6. Оно тебе надо?

7. У тебя и так полно барахла.

8. Не трать деньги, грядет трудное время.

9. Зачем деньги копить, лучше что-нибудь купить.

10. Приобрети — ты этого достойна.

11. Не купишь, потом пожалеешь.

12. Для чего деньги держать в мешке, к гробу карман не пришьешь.

13. Не бери то, что не надо.

14. Если лишние деньги, отдай их на храм.

15. Никто не берет, а ты хочешь взять.

16. В покупке будет изъян, не бери.

17. У тебя и так много всего, если деньги лишние, отдай родным.

18. Не жалко тратить деньги на ерунду?

19. Чем ты хуже других — обязательно купи.

20. Одной тряпкой больше, одной меньше…

21. Если не купишь, жалеть не станешь.

22. Скоро тебе на другое будут деньги нужны.

23. Делай, что хочешь.

24. И ты еще сомневаешься, конечно, не покупай.

25. Нашла, о чем голову ломать, возьми и купи.

26. Купила и забыла!

27. С жиру бесишься, всякую гадость покупаешь.

28. Ничего не случится, если ты это купишь.

29. Я думаю, это будет удачная покупка.

30. Не вздумай брать.

Ночное судьбинное гадание «Кассандра», или Оракул Кассандры*

Сбудется ли увиденный сон?

1	2	3	4	5	6
7	8	9	10	11	12
13	14	15	16	17	18
19	20	21	22	23	24
25	26	27	28	29	30

Ответы

1. Очень скоро.
2. Сон правдив.
3. Не бойся, этот сон пустой.

---

* Помните:
- Нельзя задавать один и тот же вопрос несколько раз.
- Задавать вопрос Оракулу нужно только в одиночестве.
- Гадание по этому Оракулу возможно только ночью.
- Во время гадания нельзя произносить бранных слов, чтобы не оскорбить дух Кассандры.
- Тому, кто в Оракул не верит, не следует гадать, т. к. Оракул все равно не скажет вам правды.

4. Исполнится через год.

5. Страшен сон, да милостив Бог.

6. В постный день сон пустой.

7. Ты не так его толкуешь, он не плохой.

8. Сбудется твой сон через девять дней.

9. Этот сон сулит тебе новую жизнь.

10. Не верь сну, верь в Божью милость.

11. Скажи себе: «Что будет, то и будет!»

12. Никогда не сбудется.

13. Даже если и сбудется, что с того.

14. Не ломай головушку, сон пустой.

15. Через три дня узнаешь.

16. Когда-нибудь сбудется все равно.

17. Сна тебе не стоит бояться, нужно не его, а того, кто люб, опасаться.

18. Вещий сон.

19. Если до обеда не сбудется, значит, не сбудется уже никогда.

20. Нашла о чем горевать, этот сон нужно забывать.

21. Хорошо бы, чтобы он сбылся.

22. Завтра про этот сон уже забудешь.

23. Наверняка сбудется.

24. Вряд ли.

25. Мне жаль, но он не сбудется.

26. Сон сбудется через тринадцать лет.

27. Сбудется, если никому этот сон не рассказала.

28. Если видела его под утро, то сбудется.

29. Забудь о нем.

30. Запиши себе в книгу и потом узнаешь, сбудется или нет.

Ночное судьбинное гадание «Кассандра», или Оракул Кассандры*

Каким человеком будет мое дитя?

1	2	3	4	5	6
7	8	9	10	11	12
13	14	15	16	17	18
19	20	21	22	23	24
25	26	27	28	29	30

Ответы

1. Для отца и матери самым лучшим.
2. Наказанием для мира.
3. Злым в помыслах, дерзким на язык.

---

* Помните:
  • Нельзя задавать один и тот же вопрос несколько раз.
  • Задавать вопрос Оракулу нужно только в одиночестве.
  • Гадание по этому Оракулу возможно только ночью.
  • Во время гадания нельзя произносить бранных слов, чтобы не оскорбить дух Кассандры.
  • Тому, кто в Оракул не верит, не следует гадать, т. к. Оракул все равно не скажет вам правды.

4. Добродетельным, но несчастным.

5. Скорым на расправу.

6. Младенцем крикливым, отроком пугливым, в зрелом возрасте неплохим, а в старости никаким.

7. Ни Богу свечка, ни черту кочерга.

8. Засиженное яйцо — всегда болтун, занянченное дитя — всегда шатун.

9. Сие зависит только от вас.

10. Дело ваше плохо.

11. У ворон соколов не бывает.

12. Ни то и ни се.

13. Всем добрым людям на зависть.

14. Что посеешь, то и пожнешь.

15. Добрым человеком.

16. Баловнем судьбы.

17. Гордостью для Отечества.

18. Точно таким же, как вы.

19. Лентяем и разгильдяем.

20. Завистливым на чужое добро.

21. Судьба ему будет мачехой злой.

22. Счастливым и долголетним.

23. Наградой для матери и отца.

24. Неудачником.

25. Человеком надежным и честным.

26. Не беспокойтесь: все будет у вашего дитя хорошо.

27. Будет удачлив и изворотлив.

28. За словом в карман не полезет.

29. В старости послужит Господу Богу.

30. Будет счастливым.

Ночное судьбинное гадание «Кассандра», или Оракул Кассандры*

Чем кончится моя неприятность?

1	2	3	4	5	6
7	8	9	10	11	12
13	14	15	16	17	18
19	20	21	22	23	24
25	26	27	28	29	30

Ответы

1. На этот раз ты выпутаешься.
2. Не так, как тебе бы хотелось.
3. В твою пользу.

---

* Помните:
  - Нельзя задавать один и тот же вопрос несколько раз.
  - Задавать вопрос Оракулу нужно только в одиночестве.
  - Гадание по этому Оракулу возможно только ночью.
  - Во время гадания нельзя произносить бранных слов, чтобы не оскорбить дух Кассандры.
  - Тому, кто в Оракул не верит, не следует гадать, т. к. Оракул все равно не скажет вам правды.

4. С тебя всегда как с гуся вода.

5. Твоим ликованием.

6. Не очень хорошо.

7. Радостью твоих врагов.

8. Так, как ты и подозревала.

9. Иначе, чем ты хотела.

10. Благополучно.

11. Новым витком неприятностей.

12. Она никогда не кончится.

13. Денежной потерей.

14. Она еще не начиналась, все впереди.

15. Большими слезами облегчения.

16. Твоей победой.

17. Недоверием людей к твоей особе.

18. Берегись, это далеко еще не конец!

19. Потерей веры в справедливость.

20. Одиночеством до конца жизни.

21. Не бойся той собаки, которая лает, а бойся той, что исподтишка кусает.

22. Эта прекратится, другая народится.

23. Выйдешь как всегда сухой из воды.

24. Тебе не о чем грустить — правда на твоей стороне.

25. Что бы я тебе ни говорила, знай, отныне ты сама себя погубила.

26. К заразе зараза не пристанет.

27. Поплачешь и перестанешь.

28. Победит правда.

29. С Божьей помощью благополучно.

30. Точно так, как ты этого хотела.

Ночное судьбинное гадание «Кассандра», или Оракул Кассандры*

Кто украл?

1	2	3	4	5	6
7	8	9	10	11	12
13	14	15	16	17	18
19	20	21	22	23	24
25	26	27	28	29	30

Ответы

1. Не украдено, а потеряно!
2. Тот, кто уже далеко.
3. Не тот, на кого ты думаешь.

---

* Помните:
- Нельзя задавать один и тот же вопрос несколько раз.
- Задавать вопрос Оракулу нужно только в одиночестве.
- Гадание по этому Оракулу возможно только ночью.
- Во время гадания нельзя произносить бранных слов, чтобы не оскорбить дух Кассандры.
- Тому, кто в Оракул не верит, не следует гадать, т. к. Оракул все равно не скажет вам правды.

4. Иногда мы теряем по воле Божьей, чтобы не потерять более ценное.

5. Тот, кого ты обвиняешь, невиновен.

6. Это родной человек.

7. Кто украл, тот уже продал.

8. Тот, кто обедал с тобой за столом.

9. Пропажу найдешь!

10. Да! Это именно тот, на кого ты думаешь.

11. Тот, кого ты кормила и поила.

12. Член твоей семьи.

13. Случайный человек.

14. Никто ничего не воровал.

15. Найдешь пропажу, но будет это не скоро.

16. Ищи лучше.

17. Женщина, которую ты хорошо знаешь.

18. Подожди, тебе все вернут.

19. Спроси у друзей твоих детей.

20. Самый близкий тебе человек.

21. Если узнаешь — разобьешь свое сердце.

22. Нечаянно выкинули.

23. Тот уже не жилец.

24. Увидишь вора во сне.

25. Лучше тебе не знать.

26. Поздно хватилась, все уже шито-крыто.

27. Не сомневайся, найдешь.

28. Вор тебе знаком и очень кается.

29. Того уже Бог покарал.

30. Скажи спасибо, что не голову потеряла.

Ночное судьбинное гадание «Кассандра», или Оракул Кассандры*

Наступит ли примирение?

1	2	3	4	5	6
7	8	9	10	11	12
13	14	15	16	17	18
19	20	21	22	23	24
25	26	27	28	29	30

Ответы

1. Не очень скоро.
2. Это зависит от тебя.
3. Никогда.

---

* Помните:
- Нельзя задавать один и тот же вопрос несколько раз.
- Задавать вопрос Оракулу нужно только в одиночестве.
- Гадание по этому Оракулу возможно только ночью.
- Во время гадания нельзя произносить бранных слов, чтобы не оскорбить дух Кассандры.
- Тому, кто в Оракул не верит, не следует гадать, т. к. Оракул все равно не скажет вам правды.

4. Этого не хочет виновный.

5. Слишком много обид.

6. Тогда, когда остынет вспыхнувшая страсть.

7. Подожди чуток.

8. Когда поседеет голова.

9. Не торопи события — все очень сложно.

10. Смерть всех примирит.

11. Если бы не враги, не было бы и войны.

12. Непременно.

13. Слезы роняй и о примирении не мечтай.

14. Что с возу упало, то пропало.

15. Не жди, а действуй.

16. Читай для этого молитвы.

17. Это не ссора, а простая блажь.

18. Ссора эта не первая и не последняя.

19. Попроси прощение сама.

20. Скоро.

21. Не сомневайся, все будет хорошо.

22. Да, но будь впредь умнее.

23. Если будешь для этого стараться.

24. Скоро будет конец войне.

25. А как же иначе?

26. Сделай вид, что ничего не произошло.

27. Долго придется этого ждать.

28. Уже скоро, может быть, завтра.

29. Если ты этого сильно захочешь.

30. Не горюй, этот час близок.

Ночное судьбинное гадание «Кассандра», или Оракул Кассандры*

Бросит ли меня и этот милый?

1	2	3	4	5	6
7	8	9	10	11	12
13	14	15	16	17	18
19	20	21	22	23	24
25	26	27	28	29	30

Ответы

1. Наверняка.

2. Да, и очень скоро.

3. Давно бы бросил, но боится.

---

*   Помните:
   • Нельзя задавать один и тот же вопрос несколько раз.
   • Задавать вопрос Оракулу нужно только в одиночестве.
   • Гадание по этому Оракулу возможно только ночью.
   • Во время гадания нельзя произносить бранных слов, чтобы не оскорбить дух Кассандры.
   • Тому, кто в Оракул не верит, не следует гадать, т. к. Оракул все равно не скажет вам правды.

4. Через два года.

5. Будет с тобой до конца.

6. Ты сама все знаешь.

7. Жаль тебя, вот и не бросает.

8. Да, моя дорогая, он тебя бросит.

9. Сама прогонишь.

10. Рад бы не бросить, да молва заставляет.

11. Как ты захочешь, так и будет.

12. Еще два года он будет твой.

13. Этому поспособствует молодая особа.

14. Он обязан тебе всем, не бросит.

15. Если бы не твой возраст...

16. Ты его лотерейный билет, и он это знает.

17. Молодухи будут отбивать, но он тебя не оставит.

18. Пару раз изменит, но будет с тобой.

19. Ты самая лучшая из тех, кто у него были и будут.

20. Ты, звездочка ясная, а таких звезд не бросают.

21. Хорошо приворожи, и не убежит.

22. Все, кто тебя оставил, горько жалеют.

23. Это твоя последняя любовь.

24. Зависть и ревность предыдущего вам помешают.

25. Ему можешь верить.

26. Твои слезы его удержат.

27. Он будет тебя хоронить.

28. Ты удача всей его жизни, он любит тебя.

29. Бедная ты моя, останешься снова одна.

30. Когда тебя не будет, он следом уйдет.

Ночное судьбинное гадание «Кассандра», или Оракул Кассандры*

Выгодно продам или нет?

1	2	3	4	5	6
7	8	9	10	11	12
13	14	15	16	17	18
19	20	21	22	23	24
25	26	27	28	29	30

Ответы

1. Продать продашь, да деньги уйдут на ветер.
2. Не очень.
3. Будешь при барыше.

---

* Помните:
- Нельзя задавать один и тот же вопрос несколько раз.
- Задавать вопрос Оракулу нужно только в одиночестве.
- Гадание по этому Оракулу возможно только ночью.
- Во время гадания нельзя произносить бранных слов, чтобы не оскорбить дух Кассандры.
- Тому, кто в Оракул не верит, не следует гадать, т. к. Оракул все равно не скажет вам правды.

4. Покупатели придут и уйдут.

5. Не так, как этого хотелось.

6. Не много ли ты запросила?

7. Хорошо потом прячь деньги.

8. Плакала твоя затея.

9. Продать легко, купить невозможно.

10. По дешевке.

11. Дадут не ту цену, которую ты хотела.

12. Радуйся, если хоть как-нибудь продашь.

13. Отдашь почти даром.

14. Повезет кому-то, но не тебе.

15. Продашь, потом будешь плакать.

16. Лучше не продавай.

17. Покупатели будут в восторге.

18. Избавишься за копейки.

19. Если не продашь, на убыльную луну будешь в наваре.

20. Кто это купит?

21. Не волнуйся, продашь не хуже других.

22. И продавец, и покупатель будут довольны.

23. За любые деньги продавай, пока берут.

24. Мне тебя жаль.

25. Размечталась о невозможном.

26. Нечего думать, если берут — отдавай.

27. Цена будет неплохая.

28. Пообещают, но купить не купят.

29. Будешь жадничать, совсем не продашь.

30. Останешься довольна.

Ночное судьбинное гадание «Кассандра», или Оракул Кассандры*

Какова будет моя кончина?

1	2	3	4	5	6
7	8	9	10	11	12
13	14	15	16	17	18
19	20	21	22	23	24
25	26	27	28	29	30

Ответы

1. Скорой и легкой.
2. Это будет в глубокой старости.
3. Умрешь на грязном полу.

---

* Помните:
- Нельзя задавать один и тот же вопрос несколько раз.
- Задавать вопрос Оракулу нужно только в одиночестве.
- Гадание по этому Оракулу возможно только ночью.
- Во время гадания нельзя произносить бранных слов, чтобы не оскорбить дух Кассандры.
- Тому, кто в Оракул не верит, не следует гадать, т. к. Оракул все равно не скажет вам правды.

4. Вокруг тебя будут родные лица в слезах.
5. Умрешь безболезненно и мгновенно.
6. Так, как будто уснешь.
7. Сгоришь от болезни.
8. Нелегкой, но это будет еще не скоро.
9. Как Господь даст.
10. Умрешь на ходу.
11. Двадцать пятого числа в понедельник через двадцать пять лет.
12. Лежа на диване.
13. Рано об этом думать.
14. Лучше тебе этого не знать.
15. На свадьбе у друзей.
16. На больничной кровати.
17. От руки злодея.
18. Во время сердечного приступа.
19. От простуды.
20. Из-за подлости людской.
21. Сидя за столом.
22. Среди пьяных и глупых особ.
23. В подвале, где никто не живет.
24. Из-за остановки сердца.
25. На столе во время операции.
26. Благодаря Господу Богу быстрой и легкой.
27. В конвульсиях и мучениях.
28. Как будто ангел Божий поцелует.
29. Так, как умирают все христиане.
30. В жестоких мучениях.

Ночное судьбинное гадание «Кассандра», или Оракул Кассандры*

Верен ли мне мой подчиненный?

1	2	3	4	5	6
7	8	9	10	11	12
13	14	15	16	17	18
19	20	21	22	23	24
25	26	27	28	29	30

Ответы

1. Он тебя ненавидит!
2. А за что тебя любить?
3. Душой и сердцем предан.

---

* Помните:
- Нельзя задавать один и тот же вопрос несколько раз.
- Задавать вопрос Оракулу нужно только в одиночестве.
- Гадание по этому Оракулу возможно только ночью.
- Во время гадания нельзя произносить бранных слов, чтобы не оскорбить дух Кассандры.
- Тому, кто в Оракул не верит, не следует гадать, т. к. Оракул все равно не скажет вам правды.

4. Любит вас, как родную мать.

5. Хочет уволиться и уйти.

6. Считает тебя занудой.

7. Вынашивает для вас свою месть.

8. Еще бы вас не любить.

9. Как собака палку.

10. Не уважает, но и не предает.

11. Распускает о вас грязные сплетни.

12. Он неблагодарный человек.

13. При его лицемерии понять трудно.

14. Готовит вам очередную пакость.

15. Он вас очень ценит.

16. Скоро сами узнаете.

17. Строчит на вас доносы и анонимки.

18. Вы сами впустили в дом гадюку.

19. Еще бы, за такие деньжищи!

20. Узнаешь — ужаснешься.

21. Верность его напускная.

22. Вас просто боготворят.

23. Больше станешь платить, больше станут любить.

24. Он просто делает вид, что вам верен.

25. Это обыкновенный шпион.

26. За вас собственную мать убьет.

27. Бросьте об этом думать, он от вас зависит.

28. Гони его прочь, и быстрее.

29. Готов в спину нож воткнуть.

30. Без него вы все равно не справитесь.

Ночное судьбинное гадание «Кассандра», или Оракул Кассандры*

Избавлюсь ли я от этого человека?

1	2	3	4	5	6
7	8	9	10	11	12
13	14	15	16	17	18
19	20	21	22	23	24
25	26	27	28	29	30

Ответы

1. Никогда.
2. Только когда он умрет.
3. Когда сядет в тюрьму.

---

* Помните:
- Нельзя задавать один и тот же вопрос несколько раз.
- Задавать вопрос Оракулу нужно только в одиночестве.
- Гадание по этому Оракулу возможно только ночью.
- Во время гадания нельзя произносить бранных слов, чтобы не оскорбить дух Кассандры.
- Тому, кто в Оракул не верит, не следует гадать, т. к. Оракул все равно не скажет вам правды.

4. Очень скоро.

5. Осталось недолго ждать.

6. Подожди еще пару лет.

7. Это не рукавица, с руки не сбросишь.

8. Даже с того света этот человек будет за вами следить.

9. Он всегда будет рядом.

10. Если убежите от него на край света.

11. Было бы желание — и избавитесь.

12. Родня поможет.

13. Обратись за помощью к друзьям.

14. Этот вампир без вас не может.

15. Только Бог поможет в этой беде.

16. Гони его палкой вон.

17. Избавишься, не беспокойся.

18. Если даже и не так, куда теперь деваться.

19. Что хотела, то и получила.

20. Нужно было думать раньше, а теперь поздно.

21. Не горюй, он скоро исчезнет из твоей жизни.

22. Однажды он уйдет и не вернется.

23. Его смерть тебе в этом поможет.

24. Не так черт страшен, как его малюют.

25. Да он уже о тебе и не думает.

26. Скоро он заболеет, и будет не до тебя.

27. Спроси его об этом сама.

28. Его мать об этом тоже хлопочет.

29. Отстанет, когда ты надоешь.

30. Время об этом позаботиться.

Ночное судьбинное гадание «Кассандра», или Оракул Кассандры*

Любовница моего мужа любит его или нет?

1	2	3	4	5	6
7	8	9	10	11	12
13	14	15	16	17	18
19	20	21	22	23	24
25	26	27	28	29	30

Ответы

1. Безумно и слепо.
2. Как любят толстый кошелек.
3. Она и себя-то не любит.

---

* Помните:
- Нельзя задавать один и тот же вопрос несколько раз.
- Задавать вопрос Оракулу нужно только в одиночестве.
- Гадание по этому Оракулу возможно только ночью.
- Во время гадания нельзя произносить бранных слов, чтобы не оскорбить дух Кассандры.
- Тому, кто в Оракул не верит, не следует гадать, т. к. Оракул все равно не скажет вам правды.

4. Ей просто ее одиночество надоело.

5. Любит, как соломинку утопающий.

6. Немного, не так, как ты.

7. Поиграет и бросит.

8. Она еще троих так же любит.

9. Не он у нее первый, не он последний.

10. Он будто ее приворожил.

11. Ей нравится его характер.

12. Если бы не его деньги, то не любила бы.

13. Они скоро расстанутся навсегда.

14. Эта баба хитрее змеи, ей нужен спонсор.

15. Как ни странно, но она его любит.

16. Ее любовь искренняя.

17. Не она, а он ее любит.

18. Ударишь ее — и вся любовь пройдет.

19. Не беспокойся, то не любовь, а блуд.

20. Ей замуж за него не выходить.

21. Его любит, а тебя ненавидит.

22. Постель она любит, а не его.

23. Она уже видит себя на твоем месте.

24. Этот человек не способен любить.

25. Эти двое, как попугаи-неразлучники.

26. Бойся ее любви, она пойдет до конца.

27. Ее любовь кратковременна.

28. Будет любить всю жизнь.

29. Не любовь, а симпатия.

30. Ее любовь — финансовая заинтересованность.

ВНИМАНИЮ БОЛЬНЫХ!
ВАША ПРОСЬБА ИСПОЛНЕНА!

Каждый раз, получая письма и телеграммы от тяжелобольных и их родственников с отчаянной мольбой «срочно, ради Христа» выслать изготовленные мною лекарства бандеролью (бальзамы, настои или же сборы трав), я сильно расстраивалась. К сожалению, я не всегда имела под рукой именно те корни и травы, которые были необходимы для помощи умирающему человеку. Я обзванивала лучших травников и мастеров, прибегала даже к своим связям с коллегами из Китая. Находила нужное и отправляла снадобье тому, кто его с нетерпением ждал. Но были случаи, когда помощь приходила слишком поздно. Родственники больного звонили мне и рассказывали, что больной до последнего дня спрашивал, не пришло ли лекарство от Натальи Ивановны. Думаю, что каждому понятно, что я испытывала при этом.

Именно поэтому, а вернее, из-за моего чувства вины перед этими людьми я стала искать сотрудничества с зарубежными и российскими фирмами по заготовке лекарственного сырья. Многие из них были готовы к сотрудничеству, но все же пришлось отказаться от их предложений, так как, к сожалению, мало кто соответствовал требованиям, которые я выдвигала, опираясь на знания травника и целителя. Мне были нужны ответственные партнеры, придерживавшиеся всех правил сбора трав и корней, а также правил самого изготовления составов, эликсиров и бальзамов.

Теперь все трудности позади. С великой радостью сообщаю, что у вас есть реальная возможность приобрести очень действенные, уникальные средства для избавления от многих тяжелых болезней. В их составе сильные и редкие травы и корни, а именно: аконтопанакс колючий, плоды бирючины блестящей, ягоды деризы китайской, натужник знойный, семена плода ведьминой косы, форзиция подвешенная, горец многоцветковый и многие другие уникальные растения, быстро укрепляющие организм, повышающие иммунитет к серьезным болезням.

Каждый из созданных мной лекарственных препаратов проверен веками, так как знания мои идут от потомственных целителей, а травы и корни были еще в те времена, когда человек не знал, что такое шприц и таблетки. Именно растениями люди испокон веков усмиряли душевные и телесные хвори.

Я несказанно счастлива, что наконец-то в полной мере будут востребованы драгоценный опыт и знания моего знахарского рода, благодаря чему многие больные окрепнут, выздоровеют и смогут жить в здравии долгие годы.

Напоминаю, что все препараты созданы под моим строгим контролем из проверенных временем целебных растений. Качество и пропорции доведены до совершенства. Все делалось только так, как требовала я. В моих же книгах вы найдете специальные заговоры и молитвы, которые следует читать перед употреблением целительного средства.

Я отдаю вам свои знания и горжусь этим. Восстановите здоровье изнутри и снаружи! Напитайте внутренние органы животворящим соком растений — эликсиром долголетия и здоровья! И вы увидите, как отступит рак, а с ним и другие мучающие вас недуги (простатит, туберкулез, алкоголизм).

Мне также известны уникальные составы кремов и растирок, эликсиры для свежести и красоты молодой кожи. Думаю, что многие из вас не раз читали о дворцовых интригах короля Людовика XV и о том, что его дама сердца, маркиза де Помпадур, своей красотой была обязана тайному искусству придворного магистра, изготавливавшего для нее особенные кремы.

К счастью, такими же знаниями обладали и в Древней Руси. Старинные рецепты кремов, растирок, бальзамов, эликсиров, сохраняющих свежесть и красоту кожи, передавались в нашем роду из поколения в поколение. Вы можете воспользоваться ими и оценить истинный талант рода Степановых. Уверена, что в ваших письмах я найду этому подтверждение. Не забывайте: прежде чем вы нанесете крем или иное средство на лицо и тело, следует прочитать заговор на красоту, данный в моих книгах.

Дорогие мои, будьте красивыми и любимыми!

Искренне ваша,
Степанова Наталья Ивановна

КРАТКИЙ ПЕРЕЧЕНЬ
ЛЕКАРСТВЕННОЙ ПРОДУКЦИИ

От онкологии, шизофрении, алкоголизма, наркомании, половых расстройств. От мужского и женского бесплодия, туберкулеза, астмы, гепатита, инсульта (в том числе застарелого), ожирения, варикозного расширения вен и т. д.

Уникальные омолаживающие кремы для лица и тела. Подробный каталог целебной продукции можно заказать по указанному адресу.

Просьба при обращении вкладывать в письмо конверт с обратным адресом.

Адреса, по которым вы можете
заказать целебную продукцию:
354037, г. Сочи, а/я 276;
354000, г. Сочи, Главпочтамт,
а/я 1256 «Содружество».

НОВЫЙ ЦИКЛ ИЗДАНИЙ — «МАГИЧЕСКИЕ ОТКРЫТКИ»

Сообщаю, что издательство «РИПОЛ классик» выпустило мою новую работу — «Магические открытки», или открытки счастья — так я их назвала. В комплекты этих открыток вошли самые сильные обереги и заговоры. Я думаю, что они вам понравятся.

Во-первых, они изумительно красивы. Во-вторых, вам не нужно будет брать с собой мои книги туда, где может потребоваться сила заговора или оберега. Вы просто достанете нужную вам открытку. Ее можно спрятать в кармане пиджака или в сумочке. Она будет защищать вас силой заговора или заклинания, и вы окажетесь под ее незримым покровительством: в суде, на службе, в дороге, при венчании... Вы не раз поблагодарите меня и издательство за эти бесценные обереги, малые по цене.

Хочу поблагодарить всех тех, кто выразил свою признательность за мою лечебную и косметическую продукцию. Я получила много отзывов и рассказов о том, как безотказно действуют мои бальзамы, и что больные благодаря им быстро выздоравливают. Отмечу, что заслуга в этом не только моя, но и научно-исследовательского института, который изучил и проверил действие моих кремов и бальзамов и взял на себя труд по выпуску продукции долголетия и других восстанавливающих комплексов для больных людей (адрес, по которому можно заказать эту продукцию, смотрите после Краткого перечня лекарственной продукции).

О ПОДПИСКЕ НА ГАЗЕТУ
«МАГИЯ И ЖИЗНЬ»

Я хочу порадовать своих учеников. Наконец-то у вас появилась возможность получать газету «Магия и Жизнь»*. Я постараюсь, чтобы мои дорогие читатели с удовольствием читали эту замечательную и очень красивую газету. В ней вы найдете бесценные советы знахарей моего рода. Я расскажу, как можно читать по звездам судьбу, видеть прошедшее и будущее, день за днем я буду рассказывать о народных традициях и обычаях. В «Магии и Жизни» мои работы, по крайней мере большая их часть публикуется впервые. В «Магии и Жизни» вы сможете прочитать о выходе моих книг,

_____

* Во всех регионах России в любом почтовом отделении на газету «Магия и Жизнь» можно подписаться с любого месяца и на любой срок по Объединенному каталогу «Пресса России» (зеленый), индекс — 18920 и по Каталогу российской прессы «Почта России» (трехцветный). Индекс — 10275. В республиках Украина, Белоруссия, Казахстан газету «Магия и Жизнь» можно получать по подписке, оформив ее по каталогам организаций, распространяющих периодические издания.

а в редакции газеты* — приобретать и заказывать и книги, и открытки, и амулеты. В «Магии и Жизни» вы сможете знакомиться с бесценными произведениями классического искусства. Я знаю, вы полюбите нашу газету.

И еще! Подписчики и почитатели газеты «Магия и Жизнь» в каждом номере получают талон ко мне на прием.

---

* Приобретать и заказывать работы Н. И. Степановой и отдельные номера газеты «Магия и Жизнь» можно в издательстве РИПОЛ МЕДИА по тел. (495) 775-8885, доб. 173, 192, по e-mail: magia-sale-1@ripol.ru, по адресу: 109147, Москва, ул. Большая Андроньевская, д. 23.

О МОИХ АМУЛЕТАХ

Дорогие мои читатели и почитатели! В своих письмах вы часто просите подробнее рассказать о моих амулетах* — сохранном и для привлечения счастливой доли. Ни для кого не секрет, что умельцы-колдуны в стародавние времена одним лишь словом тайным могли менять ход событий.

---

* Если вы живете в России, амулет для привлечения счастливой доли и сохранный амулет (как и новые издания работ Натальи Степановой) можно купить (если вы живете в Москве или поблизости) или заказать, обратившись по тел. (495) 775-8885, доб. 173, по e-mail: magia-sale-1@ripol.ru или по адресу: 109147, Москва, ул. Б. Андроньевская, д. 23.

Жители Украины могут приобретать амулеты и новые издания работ Натальи Степановой через Книжный Клуб «Клуб Семейного Досуга».

Заказы можно отправлять по адресу: «Клуб Семейного Досуга», Республика Украина, Харьков, 61001, а/я 84.

Клуб располагает интернет-магазином, оформить заказ в котором можно на сайте www.bookclub.ua, по телефону (0-57) 783-88-88 и по SMS: +38 (067) 579-88-88, + 38 (067) 579-87-87.

У «Клуба Семейного Досуга» есть и собственная сеть фирменных книжных магазинов по всей Украине. Узнать о том, где находится ближайший магазин, можно по электронной почте supports@bookclub.ua и по телефону (0-57) 783-88-88.

Сам царь Алексей Михайлович в 1655 году согласился выплатить за «волшебное писание» десять тысяч рублей, чтобы только не омрачали беды и несчастья его правление. Конечно, достаточно было одного царского слова, чтобы заполучить колдовскую обережную грамоту, но нельзя было учинять насилие над мастером, владевшим «потайником». Поэтому удивительную грамоту можно было лишь выпросить в дар или выкупить за назначенную мастером цену, только тогда заповедное слово начинало работать и «потайник» помогал своему новому хозяину. Древний магический текст, исполненный моей рукой и воспроизведенный на амулете для привлечения счастливой доли, будет для вас верным стражем и добрым помощником. Вот перевод этого текста.

Кто сие писание имеет,

Тот в житие зла не знает и не скорбеет,

В довольстве и леготе живет,

Того судьба милует и бережет,

Нежит, голубит,

Понапрасну не губит,

Власть и сила тому даны,

Мошна и изба златом полны.

Дойдут ноги до райской вечности,

А милость Божья до бесконечности.

Белый цвет амулета для привлечения счастливой доли означает защиту, истину, чистоту.

Круг на сохранном амулете является символом бесконечности, вечной жизни, защиты, знаком, помогающим в любых ситуациях. В середине круга — первые буквы имени Христа. Перевод древнего изречения внутри круга — ТАК ПОБЕДИШЬ, — то есть с этим знаком Бога ты защищен, ты победишь. А вот перевод текста, воспроизведенного на сохранном амулете и тоже исполненного моей рукой.

Кто сие в руки возьмет —
Понапрасну никогда не умрет,
Не сгорит в огне, не утонет,
Того ни пищаль, ни меч не тронет,
Ангел того под крыло возьмет
И от гибели отведет.
Аминь.

Черный цвет этого амулета символизирует уничтожение любого зла, защиту от него.

Каждый амулет предназначен одному человеку, его нельзя передавать никому (иначе удача отвернется от вас), и хранить его следует при себе (например, в паспорте). Оба эти амулета изготовлены по правилам, которым меня обучила моя бабушка Евдокия. Помните, что действие каждого амулета будет гораздо сильнее, если вы доверяете ему, если он вызывает у вас положительные эмоции, стремление к добру.

Прежде чем пользоваться амулетом, необходимо вписать свое имя, данное вам при крещении, и дату рождения в прямоугольник на амулете, затем амулет должен находится при вас два-три дня. После этого он обретет силу. Наибольшей силой обладают амулеты, которые вы «активизировали» в дни равноденствия, затмений (как лунного, так и солнечного) и полнолуния.

Никому не позволяйте трогать свой амулет, не нужно никому рассказывать о том, что изменилось в вашей жизни после того, как вы обрели амулет. Лучше, чтобы его видели как можно меньше людей.

Если амулет потерялся — не расстраивайтесь. Во-первых, многие амулеты возвращаются к своим хозяевам. Во-вторых, даже если этого не произойдет, ничего страшного, принадлежащий вам амулет практически невозможно использовать против вас. Просто закажите новый. Немного хуже, если амулет поблек или изображение (текст) на нем начало исчезать. Это означает, что в нем скопилось слишком много отрицательной энергии, и амулет уже не в силах ее перерабатывать. Или в него попала сильная волна негативной энергии и он, защищая вас, принял удар на себя. В таком случае лучше поскорее приобрести новый амулет, иначе вы можете пострадать.

Дорогие мои! Каждый амулет будет служить вам верой и правдой, сохранять и охранять вас надежнее опытного телохранителя. Вас никто и никогда не сможет сгубить колдовством, и ни одно оружие не прикоснется к вашему телу. Огонь вас не сожжет, вода не поглотит, потому, что все беды от вас отведут, а удачу привлекут амулеты Евдокии — моей бабушки.

Ваша Наталья Степанова

ОБРАЩЕНИЕ К ТЕМ,
КТО МНЕ ЗВОНИТ И ПИШЕТ

Если вы хотите обратиться ко мне за разъяснениями того, что вам не вполне понятно из моих книг, убедительно прошу внимательно исполнить мою просьбу.

Я читаю и отвечаю на ваши письма. Времени на это уходит много, поэтому очень вас прошу присылать для ответа уже подписанные конверты с обратным адресом. Не забывайте указывать свой индекс.

К сожалению, мне довольно часто возвращают целые стопки моих ответов вам из-за того, что вы не наклеиваете достаточного количества марок на конвертах, а я не в состоянии покупать всем марки.

Будьте внимательны!

Особенно это касается тех, кто пишет мне из бывших республик СССР. Пожалуйста, вкладывайте в письмо конверт с вашим правильным адресом и с нужным количеством марок.

Прошу вас не присылать мне альбомы фотографий, подумайте о том, как сложно все это вернуть. Присылайте только самые необходимые фотографии.

Пользуясь случаем, хочу искренне поблагодарить всех, кто присылает мне к праздникам свои поздравления.

От души желаю вам всего самого хорошего. Обещаю ответить всем, кто написал мне, но прошу учесть мои просьбы.

Ваша Наталья Ивановна

Адрес для писем:
630106, г. Новосибирск– 106, а/я 182,
Степановой Наталье Ивановне
Тел.: 8 (383) 342–87–10, 215–18–91

СОДЕРЖАНИЕ

Практическое издание
Я вам помогу

Степанова Наталья Ивановна

Заговоры сибирской целительницы
Выпуск 29

Генеральный директор издательства *С. М. Макаренков*

Ответственный за выпуск *А. Е. Батурина*
Контрольный редактор *Л. А. Мухина*
Художественное оформление: *Е. Л. Амитон*
Макет подготовлен ООО *«Издательство РИПОЛ МЕДИА»*

Подписано в печать 23.12.2010 г.
Формат 84×108/32. Гарнитура «FranklinGothicBookITC».
Печ. л. 8,0. Тираж 150 000 экз. Заказ №4107002

Адрес электронной почты: info@ripol.ru
Сайт в Интернете: www.ripol.ru

ООО Группа Компаний «РИПОЛ классик»
109147, г. Москва, ул. Большая Андроньевская, д. 23

Отпечатано на ОАО «Нижполиграф».
603006, Нижний Новгород, ул. Варварская, 32

ТАЛОН НА БЕСПЛАТНУЮ КОНСУЛЬТАЦИЮ

Приобретая эту книгу, Вы получаете право на
бесплатную консультацию Натальи Ивановны Степановой

Присылайте письма по адресу:

630106, Новосибирск, 106, а/я 182, Степановой Н. И.

Пожалуйста, не забудьте вложить в письмо
конверт с обратным адресом и этот талон.

Тел.: 8 (383) 215-18-91, 342-87-10